技术写作与结构化思维

郑景婷　许炳梁　唐明鉴◎著

四川科学技术出版社

图书在版编目 (CIP) 数据

技术写作与结构化思维 / 郑景婷，许炳梁，唐明鉴
著 . -- 成都：四川科学技术出版社，2023.4（2024.7 重印）
ISBN 978-7-5727-0942-5

Ⅰ . ①技… Ⅱ . ①郑… ②许… ③唐… Ⅲ . ①科学技
术 - 文件 - 写作 Ⅳ . ① H052

中国国家版本馆 CIP 数据核字（2023）第 059222 号

技术写作与结构化思维

JISHU XIEZUO YU JIEGOUHUA SIWEI

著　　者　郑景婷　许炳梁　唐明鉴

出 品 人　程佳月
责任编辑　朱　光
助理编辑　黄云松
封面设计　星辰创意
责任出版　欧晓春
出版发行　四川科学技术出版社
　　　　　成都市锦江区三色路 238 号　邮政编码 610023
　　　　　官方微博 http://weibo.com/sckjcbs
　　　　　官方微信公众号 sckjcbs
　　　　　传真 028-86361756
成品尺寸　170 mm × 240 mm
印　　张　6
字　　数　112 千
印　　刷　三河市嵩川印刷有限公司
版　　次　2023 年 4 月第 1 版
印　　次　2024 年 7 月第 2 次印刷
定　　价　55.00 元
ISBN　　978-7-5727-0942-5

邮　　购：成都市锦江区三色路 238 号新华之星 A 座 25 层　邮政编码：610023
电　　话：028-86361770

前　言

　　广义的技术写作（Technical Writing）又称技术传播（Technical Communication），是指通过技术手段和使用工具来开发具有说明性和指导性，并以专业领域技术为内容的文档。技术文档几乎存在于现代所有的产品开发过程中，其类型可以是高阶而专业的医疗器械和专业机械设备说明书，也可以是亲民的小型家电产品用户手册；交付形式可以是传统的纸质文档，也可以是网站页面，还可以是交互式媒体。技术文档的质量直接影响产品的用户体验，进而对产品的推广产生巨大影响。

　　当今中国正实行"走出去"战略，国内的各类产品，包括文创类产品，都正以昂然的姿态大规模进入国际市场，因此对高质量的专业英文技术文档的需求出现了井喷式的增长。传统观念认为"产品出口把产品说明书汉译英就好了"，但是汉语和英语的思维有很大的不同，仅靠语言翻译转换是无法获得高质量技术文档的。中国用户和外国用户在文档的布局、设计、颜色、行文方式、对话习惯等方面有着显著的不同。技术文档工程师与普通译员工作重心的不同之处就在于此。除此以外，优秀的英文技术文档还是中国产品进入其他非通用语种国家的"通行证"。英文技术文档是本地化的上游产品，它的质量在很大程度上决定了本地化的质量。

　　在新形势下，现代社会对技术文档工程师的需求大量增长。一般来说，国内培养技术文档工程师的常规路径或是从企业的文字工作者中挑选出来进行在职培训，或是由译员转化而来，又或是从计算机专业和语言专业职员中选拔培养。国内高校越来越重视对相关人才的培养，在语言工程或翻译专业的本科阶段或研究生阶段开设相关课程，如"技术写作""技术传播"等。相较于企业内部的在职培训项目，这些课程全面、系统、理论性强，但课程中的项目在真实程度上可能存在欠缺。与此同时，在校生多为语言背景出身，技术写作中的结构化写作所需要的结构化思维模式和能力需要进行专门训练。

　　本书的着力点并非均匀分配在技术写作各个环节的介绍上，也非追求"百科全书式"的大框架，而是从技术写作课程的角度出发，分析语言背景学生在结构化思维和结构化写作两个方面存在的局限性，探索如何有效利用语言背景学生的语言优势，取长补短，系统训练及搭建其结构化思维模式的策略和方法。

2022 年 9 月

CONTENTS 目 录

第一章　技术写作概述

技术写作（Technical Writing），又称技术传播（Technical Communication），指通过技术手段和使用工具来开发具有说明性和指导性，并以专业领域技术为内容的文档。技术写作的内容呈现方式多样，最常见的有用户手册、使用指南、产品说明书等，企业内部员工培训课件和网站的"帮助"页面等也属于技术文档。在我国"走出去"战略的指引下，国内大量的优秀产品走出国门，开拓了广阔的海外市场，也带去了中国文化。在这样的大形势下，符合国际标准、适合其他语言和文化背景的技术文档创作和传播显得尤为重要。在国内，也有越来越多的民族企业设立了专门的文档开发部门，用于培养自己的文档工程师，一些龙头企业，如华为、中兴、阿里云等，也有自己的特色开发流程和工具。同时，专业文档工程师的培养也引起了各高校的重视。除开设了翻译专业本科和硕士翻译技术的系列课程之外，越来越多的高校开设了"技术写作""技术传播"等课程，并与行业文档工程师合作教学。随着专门网站的建立、微信公众号的运营和讲座及培训的开展，相关科研、教研、科普的规模越来越大、专业度越来越高，技术写作（技术传播）也迎来了自身行业发展的新机遇。

本章首先介绍技术写作的定义及其发展进程，探讨其目的和价值，再剖析从技术写作到技术传播演化历史的启示意义。

1.1 技术写作的定义

英文术语"Technical Writing"在中文中的对应术语是"技术写作"，但无论是前者还是后者，其内涵都经历了一定的变化。最初的"技术写作"（Technical Writing）文本指的是"私人信函""商务信函""电子邮件""公告""通知""告示"等应用文体。之后逐渐演变为专指通过技术手段和使用工具来开发具有说明性和指导性，并以专业领域技术为内容的文档，其外延也逐渐扩展到传播学的跨学科领域，因此也有越来越多的行业专家认为，"技术写作"称为"技术传播"（Technical Communication）更为准确。

1.1.1 技术写作内涵的发展

正如"技术写作"概念本身经历过历史演变一样，自技术写作诞生起的一百多年来，对其界定也有诸多表述。Markel 认为，任何发生在专业场所的查找、使用和

1

分享信息的过程都可以算作技术传播，如跟同事的简短交谈、发送给供应商的技术信息、和项目团队成员打的电话等。Gould 则将技术写作定义为任何一种在科学、技术、工程和医药等领域需要技术写手写作、编辑和发布技术信息的写作，文档类型涵盖技术报告、说明书、技术文章、论文、技术建议书、宣传册及技术培训资料，如博物馆的保护说明、软件的开发手册、飞行员的飞行手册、医疗器械的使用说明、消防器材的维修说明等。

然而，这些定义并未强调技术写作的受众群体，更多地只是从文档内容的传递者——产品研发人员、产品销售的视角出发，所定义的技术写作或技术传播强调的是"我想告诉用户什么信息""我觉得什么信息是重要的"这样的一些观点。在这些观点的指导下，文档的受众所接收的信息与自己想要的、习惯的、需要的、喜欢的信息就有一定出入，信息的传播链就发生了一定程度的断裂。

随着技术文档的普及，"技术写作"（Technical Writing）的定义也在不断更新，从以用户个体和用户体验为中心，逐渐变为当今主流的定义。

Carey *et al.* 将技术文档写作定义为创作与某技术产品主题相关的信息文档，通常有特定的读者和写作目的。这类文档与某技术产品相配套，具有很强的实用性和操作性。本文提到的技术文档泛指安装指南、操作手册、维护手册、使用说明书以及联机帮助文档等。

刘劲松将技术写作过程中的文档写作分离出来，认为技术文档写作就是创作向使用者传达如何正确、安全使用产品以及与之相关的产品功能、基本性能、特性的信息。认为其文档的发布形式可以多样，不只是使用说明书，也可以是标签和铭牌；可以是文件、词语，也可以是标识、符号、图表和图示；甚至可以是听觉或视觉信息单独表示，也可以组合在一起；可以在产品和包装上直接发布，也可作为装箱文件或资料交付，包括活页、手册、录音带、录像带、光盘等。

王华树认为，技术写作是以具有一定难度和复杂性的技术信息为主体，通过编写文档、指南、说明书等方法，简洁易懂地向特定受众传递信息的一类写作，包括产品用户手册、使用说明书、专利文书、技术方案建议书、技术规格书、技术白皮书等。

美国技术传播协会（Society for Technical Communication）将技术写作的过程定义为将从行业专家处收集来的信息编写为读者可理解内容的过程。这些定义都体现了技术写作领域的一个认知方面的转变，即技术文档的受众是产品和服务的用户，技术文档的内容、架构方式和呈现方式都应考虑到用户的需求和喜好。

中华人民共和国国家标准《工业产品使用说明书总则》明确规定，使用说明书是产品交付的必备部分，并对使用说明书的编写体例提出了要求。如果国内产品出口销售到国际市场，也必须同时交付使用说明书。

综上，笔者可以得出以下结论，技术写作就是生产出促进人与人或人与产品进行有效沟通，以顺利完成某项生产实践的文档（或非常规文档形式的文档）。

1.1.2 技术写作的描述性定义

鉴于技术写作仍处于动态发展、快速上升的过程，笔者认为，对技术写作的定义以描述性定义为宜。对其写作主体、写作内容、文档受众、涉及领域、写作方式和呈现方式等根本性特点作出描述，可以使我们对这一概念本质的理解更为准确和深入。

（1）技术写作无处不在

技术写作是指任何向读者提供说明和指导类信息的一种写作。无论你是写一封邮件告诉你的同事如何完成一个任务，口头指导你的父母完成安装支付宝的操作，针对某个产品写一份销售指导书，对某一服务策略进行说明，还是写了一个科技领域高深的论文，都是在进行技术传播。虽然知识领域对技术写作的难度、深度、需求程度有很大的影响，但是它也不仅存在于科学技术领域，不应该是局限于任何领域的知识。

技术写作传递的信息用于实际工作或生活场景。我们可以通过购买和使用一款产品的常规步骤来举例说明这一点，见表1-1。

表1-1　用户购买使用产品的常规步骤

过程	用户需求	所参考技术文档
购买前	了解产品	网站或实体店的产品介绍、彩页、视频
使用中	解决使用中遇到的问题	纸质版或电子版产品说明书、用户手册
	了解软件新版本、新功能	软件界面上的指引步骤
	了解电脑软件具体功能	嵌入式联机帮助
	解决用户自身可以解决的技术问题	官方技术支持网站

（2）技术写作面向特定读者

技术写作传递的信息通常有明确的目标受众，技术文档的创作需要分析特定的人群，确定他们所需要的信息。

在企业的实践中，技术写作涉及特定的知识领域（产品与服务，也就是主题是什么）、特定的读者（读者是谁）、特定的任务（如何完成任务）。技术写作通过简洁的文字，传递关于产品和服务与用户使用相关的各个方面的信息，其本质就是一个产品或者服务的提供者和用户之间关于如何完成某个任务的沟通。一个好的技术写作，能够保证与用户进行自然的、友好的、高效的、专业的沟通。

（3）技术写作帮助解决问题

读者阅读技术文档的目的与阅读文学作品的目的是不同的，读技术文档的目的

3

是解决问题，而读文学作品的目的是愉悦身心。用户一般只在遇到问题的时候才会阅读技术文档。

技术写作的核心是给特定用户提供有用和准确的信息，从而帮助用户完成特定的任务。技术写作伴随着工业时代而产生，目前设备越来越复杂，以及设备的全球化使用，提供各种技术资料帮助用户使用产品成为普遍要求。新技术和新产品的持续出现，单纯靠客服人员的电话支持和技术人员的现场支持已无法应对用户在产品使用过程中遇到的各种问题，对产品文档的需求和要求上升到一个新的高度。

（4）技术写作是集体写作而成

技术文档常常是集体成果，这体现在两个方面：一是技术写作的输入很多来自研发人员，二是技术写作工作本身也是多人协同完成。这一特征催生了技术文档的模块化和结构化技术，便于分工协同工作。技术文档的编写与设计涉及可用性工程学、心理学、教学设计、工业设计、人因工程、人机交互、语言学、跨文化沟通、绘图工程、软件测试、编辑与出版学、营销学、信息管理学等多个学科领域。设计和编写技术文档过程中，需要多个部门相互协作，统筹规划与安排。技术文档最终的完成可以说是集体智慧的结晶。技术文档的编写会受到企业具体条件的影响，例如企业领导的重视程度、财务预算、产品研发部、市场部、技术文档写作负责人的专业能力以及时间等因素的制约。

（5）技术写作注重信息呈现的方式

技术信息的呈现方式和技术信息本身同等重要。文字的排版，如字体、空格、对齐和颜色等，都能辅助读者快速扫描和定位信息。文字组织也是以读者便于理解的方式呈现，例如多用主动句、句子尽可能简短、多用列表等。

（6）技术写作考虑法律责任

技术文档的信息需要准确，还要确保用户能安全使用。如果技术文档的信息不准确，导致用户误操作，损坏设备或致使人身受到伤害，那么企业将承担法律责任。这一点也对技术写作提出了更高要求。中华人民共和国国家标准《工业产品使用说明书总则》明确规定，说明书的语言、内容和体例要符合国际市场相关法律规定的要求。企业有责任和义务编写清晰、准确、易于理解的技术文档，明确告知用户正确使用产品的方法和注意事项，尽量避免用户因使用不当而产生损失，这既维护了消费者的利益也规避了企业的法律风险。

1.1.3 技术写作的基本原则

Carey *et al.* 将技术文档基本原则界定为"易用性""易于理解""易查找"三大原则，此外还有"基于任务性、准确性、完整性、简洁性、分层性、风格一致性、组织条理性、可检索性以及可视性"九大特点。

　　"易用性"起初是用来指产品设计需考虑用户易于使用。技术文档作为与实际产品配套的信息文档，为了给用户提供充分实用的信息以指导用户顺利达成目标，文档设计也要遵循"易用性"原则。用户完成任务一般是在具体条件下完成的，室外或者光线比较昏暗的场所，手册的设计需要考虑用户易于在这些场合使用。在移动互联网飞速发展的今天，二维码扫描可以轻松定位到需要查找的手册或者内容上，为用户的使用提供了便利。要实现易用性，创作技术文档时需以用户任务为中心，任务描述需准确，主题信息需完整。以用户任务为中心，即分析在达到目标之前，用户所需要完成的任务。文档的组织和编写应围绕用户任务来展开。首先列出用户的任务主题，然后将任务按照用户实际完成的逻辑顺序进行组织。描写用户任务时，需要确保技术参数和步骤信息的准确性和完整性。

　　"易于理解"即为技术文档的内容容易被用户理解。易于理解要求技术文档做到内容简洁、分层合理以及风格一致。通常情况下，用户对于术语和技术内容比较难以理解。因此，在撰写技术文档时，技术文档工程师应该充分考虑用户的受教育程度，力求化繁为简，简明扼要，避免使用专业术语、行业用语以及缩略语等。如果无法避免，就需要力求解释得简单易懂。随着技术的发展，已经有企业运用虚拟现实技术，为用户提供身临其境的现场体验，用户具有很强的带入感，辅之以文字解说，理解会变得非常轻松。易于理解是用户能够读懂技术文档的前提，如果技术文档后期仍然需要本地化为多国语言，翻译人员无法理解原文，也会给翻译工作带来很多困难。

　　"易查找"是指技术文档的内容编排易于用户检索。易查找要求技术文档组织有条理。增加可检索性是指用户可以从互联网搜索引擎上进行检索，还可以对技术文档进行相关关键词索引工作。增强技术文档的可视化效果，比如相应的图表，也会方便用户快速检索和理解。

　　除此以外，在全球化的今天，尤其对于跨国企业来说，技术文档写作还需具备"易译性"的原则。

　　易译性是指技术文档的语言和风格保持一致，以便于翻译人员与机器对文档的理解和翻译。易于理解、风格一致性以及术语一致性的技术文档会提高翻译质量和翻译效率。由于翻译人员以及机器翻译自身的局限，复杂句、长难句和多义词都会增加翻译的难度，人和机器都需要大量时间来消除歧义，因此，易译性高的技术文档都具有风格一致性、术语一致性、易于理解、句长限定、尽量规避多义词词汇的特点。在技术文档研发流程中对 UI 字符串等术语进行全方位的控制，也会大大提高术语翻译一致性，降低翻译成本。

　　王华树则认为用户使用技术文档时，有着确定的阅读目的，要求文档实用、简洁、准确和易于理解。

实用原则要求在技术写作前，首先要明确写作目的和理解受众特征。实用原则是针对受众而言的，受众使用信息时，能高效、完整地达到自己的目标。因此，技术写作的行文风格是直接、确定和前后一致，避免花哨的语言和不必要的修辞手法。

简洁原则要求技术写作提供的信息聚焦于目的，必须简短且没有多余描述。多余的描述性内容会妨碍读者快速理解作者意图。

准确原则要求表达必须保持简洁并确保正确。技术写作的正确性至关重要，同时要避免出现歧义或表达模糊。

易于理解原则要求技术作者分析目标读者的知识背景和理解能力，谨慎使用技术术语，避免使用超出读者理解范围的用词，也不堆砌读者已知的信息。

1.1.4 技术文档的范畴

刘劲松将技术文档的范畴界定为 12 类，分别是：①公司邮件、会议、即时通讯、正式信函和备忘录等；②撰写报告或提案（Proposal）等；③市场产品销售宣传资料（宣传页）、数字化学习（E-learning）课件、产品调查、白皮书以及产品营销培训资料等；④产品开发文档、用户体验设计文档、测试用例、软件测试文档、产品测试反馈文档以及售后支持文档等；⑤语言风格指南；⑥公司 Logo（标志、标识）图标、颜色体系和产品示意插图等；⑦产品安装手册，使用说明书（包括在线帮助、HTML5 和 PDF 等电子版本）、版本说明和白皮书等；⑧技术支持文档和售后服务指南等；⑨公司网站网页信息设计、社交媒体和社群内容营销等；⑩招聘启事及简历写作等；⑪企业内容管理系统（CMS）（有效管理语言内容资产）；⑫技术写作工具等。

中国技术传播联盟也归纳了常见的交付件类型，包括用户手册、管理员手册、参考手册、培训手册、故障排除、常见问题（FAQ）、如何做（How-to）指南、发布说明等。

不同类型的交付件有不同的应用场景和作用。以用户手册为例，一般有三类基本作用：一是用户第一次使用产品时，说明并指导如何开始使用；二是提供安全使用产品的注意信息；三是在用户的后续使用过程中，提供必要的参考信息，如技术支持的联系方式。

由此可见，技术文档写作涵盖的领域和主题范围非常广，不仅涉及产品研发中的产品使用说明书，而且涉及市场和商务领域的写作，属于应用文体的范畴。任何企业、任何领域、任何工作人员可以说都离不开技术文档写作。比如，去银行开账户、使用银行卡、网上银行转账、打开智能电视、传真一份文件、使用手机 APP 订购机票等。实践的智慧背后源于技术文档写作思维的严谨。

技术文档写作不仅包括书面语，还包括口语语体形式，但本书仅限于探讨书面语形式的技术文档写作。所谓"技术文档写作"专指用相关写作工具,按照一定的规范创作以上所列主题内容活动,也泛指任何涉及具体生产实践相关的活动。

1.2 技术写作的历史和发展

自技术写作概念的诞生之日起，学界对技术文档的溯源就开始了。《占星论》（*A Treatise on the Astrolabe*）被认为是西方第一部技术文档,而我国的《易经》则于 3 000 多年前就开始指导人们如何完成一些日常的任务,像如何挖井、如何选择宅基地等,堪称中国最早的技术文档。明代的《天工开物》作为世界上第一部关于农业和手工业生产的综合性著作,也被认为是中国第一本综合性的技术文档。近现代人类历史上,第二次世界大战中出现了指导士兵使用武器的技术文档,第二次工业革命产生的高科技产业均需关于精密的仪器、药品、计算机软硬件的技术文档。

1.2.1 技术写作的历史

近年来,移动计算技术、互联网技术和通信技术正在以惊人的速度发展和融合,计算机芯片已经从桌面机延伸到手机、平板电脑等移动终端设备上,高科技产品不仅具备了"移动性",而且越来越"智能化"。智能手机、智能家电、智能汽车和智能家居等高科技产品随处可见。对用户来说,要快速学会正确安全使用产品,最便捷的方式莫过于查阅产品配套的技术文档了,最常见的有《快速上手指南》或者《使用说明书》。随着社会时代的变迁,工业技术、信息技术以及通信技术的飞速发展,存储、传播、查阅和浏览信息的方式也随之发生了根本变革,人们的阅读体验已发生了极大变化。

按照刘劲松的观点,技术文档作为技术产品信息的载体,其发展分为四个时期:工业时代时期,以出版纸质文档为主;计算机时代,以网络化和电子化（PDF）形式为主;移动互联网时代,以 HTML5 自适应形式为主;工业 4.0 时代,作为内容策略的一部分,与新媒体等方向融合,技术文档成为企业产品营销的重要手段,见表 1-2。

（1）纸质印刷版阶段

该阶段的技术文档主要以纸质印刷品为主。企业使用相关排版软件,或委托印刷公司印制与产品配套的技术文档或使用说明书。用户从市场上购买相关产品设备时,也一并购买了存放在包装箱里的技术文档或者使用说明书。企业技术专家负责向产品用户传播信息,属于单向模式。技术文档的介质也较为单一,主要为操作指南或者用户手册。

表 1-2　技术文档写作发展的四个阶段

技术文档写作 发展阶段	特点	主要传播渠道	文档编写工具
纸质印刷版阶段	功能介绍为主	书籍、电视和广播	InDesign
网络版阶段	以产品功能为中心和以用户任务为中心，结构化模式	书籍、电脑和网络	Arbortext Editor，InDesign，Word，RoboHelp
移动互联网阶段	多媒体数字化，移动化，HTML 5 自适应，以用户为中心	手机等移动终端	FrameMaker 2017 版，InDesign，HTML 5，微信 HTML 5 编辑器等
内容营销阶段	社群化发展，内容与营销结合，内容与新媒体相融合	手机等移动终端	微信 HTML 5 编辑器等

（2）网络版阶段

在这个阶段，纸质技术文档逐渐向电子化文档转变，专业技术写作工程师出现。这主要是因为互联网时代，计算机逐渐普及，企业都建设了自己的官方网站，用户可以随时随地访问网站，以获取产品的相关文档和信息。因此，技术文档开始向快速使用指南过渡，完整版的使用说明书被放置在企业网站供用户下载或者提供 Web 浏览方式。技术文档的介质变得多元，有多媒体形式、电子版形式或随机附送光盘。

（3）移动互联网阶段

该阶段的技术文档已可以实现随时更新，并可根据终端设备的操作系统和浏览器，自适应阅读界面，让用户获得好的阅读体验效果。用户可以快速地获取产品使用说明。在移动互联网时代，手机已经成为获取信息的主流方式，适应电脑台式机浏览器查看的技术文档信息向移动终端设备过渡。同时，HTML5 自适应网页编程也提上了日程，微信公众号及二维码也为 HTML5 的快速流行起到了推动作用。由于 HTML5 扩展性好，不仅可以内嵌视频文件和动态图片，还具有较好的用户交互效果。

（4）内容营销阶段

在移动互联网时代，数字化出版开始引领媒体出版行业。在此之前的技术文档都是以"帮助用户安全、快速和正确使用产品"为初衷，现在，这一初衷在技术的支持下得以更好地实现。通过产品，用户与用户建立了联系，可以帮助对方排除问题；同时，技术文档已经开始与新媒体发生碰撞，朝着同一个方向融合；技术文档成为企业内容策略的一部分，与新闻传媒的界限变得模糊，成为企业品牌的重要因素，担负着产品营销的功能。

刘劲松在 2022 年的一次讲座中指出，所有当下的工具都是过客，未来的技术文档生产将会是与人工智能（AI）的深度融合。

1.2.2 技术写作的蓬勃发展

作为一门学科或专业,技术写作和技术传播在西方高等院校已经存在了近百年。在美国,有100多所大学有技术传播或技术写作相关的专业或课程,与相关行业也有着深厚的相互依存关系。而在中国,技术写作和技术传播的专门研究只是近20年来的事。当然,有些大学的中文系,多年前已开设应用写作相关的课程,这其中所使用的写作技巧和思路与技术写作和技术传播非常相似。近20年来,以北京大学、北京语言大学、同济大学、复旦大学和东南大学等知名学府为首的国内高校开设了技术写作和技术传播相关系列课程。一些西部高校,如西安外国语大学、重庆邮电大学和昆明理工大学也开设了本科和硕士技术写作和技术传播类课程,并取得了一定成果。总体来说,国内对于技术写作的研究刚刚起步,但未来可期,有越来越多的高校正加入进来。

此外,从职业角度来说,西方的技术写作从业者数量多、质量高。IBM、微软、西门子、思科及爱立信等涉及科学与技术领域的公司,均有专职的技术写作人员。这也表明西方社会更加倚重技术文档传递信息的特点。而在中国,技术写作作为专业发展只有近20年历史。随着爱立信、IBM、诺基亚、西门子等大型外企进入中国,才有了第一批技术写作人员。现在越来越多的本土企业走向海外,面向国际市场。由于要符合国际市场的标准和要求,就有了技术写作的专业职位需求。即使没有这个专职的岗位,也要有人员来承担这些职能,很多关于相关技术人员的职位描述上,出现了对技术文档写作能力的要求。对于即将走出校门的本科生或硕士研究生来说,技术写作无疑是一片职业蓝海。

1.3 技术写作的目的和价值

简而言之,技术写作的主要目的就是传递有效信息,对企业的生存和发展有着重要的价值。

1.3.1 技术写作的目的

技术写作是对说明性和指导性内容的写作,其主要目的是向用户解释、指导,或提供可以快速查询的信息,是为产品使用场景设计的一种写作方式和规则,关注点在于高效帮助用户完成特定任务。

具体来说,合格的技术文档对用户有如下帮助。

第一,理解产品和服务的详细概念、流程等信息,如电脑的技术参数,药物的成分、适应症,办理护照的流程等。

第二,实现需要完成的任务,如电脑如何开机,药物如何服用,护照如何办理等。技术写作的受众都有着明确目的才会需要某种信息。

　　为了迎合这样的受众需求，技术文档工程师需要写出正确能用、清晰易懂、容易查找的内容，即说明、指导性的内容可用、易用。

1.3.2 技术写作的价值

　　对于企业来说，"内容是企业组织赖以生存的血液"。合格的技术文档具有战略性意义，对企业有如下帮助。

　　第一，成功进入国际市场。进入国际市场必须要求产品通过相关认证，与产品相关的技术文档和使用说明书，还需要符合国际 ISO 相关规范以及当地法律法规规定和当地语言文化习俗等。企业需要认识到，要将研发符合国际标准的技术文档贯穿于整个产品的设计、研发和发布的全过程之中。

　　第二，树立品牌形象。产品相关文档的质量会直接影响用户对企业的品牌评价以及忠诚度。高质量的产品配上不合格的技术文档，会让用户对产品的质量产生怀疑；复杂安装说明，或市场宣传的重要参数与使用手册中的描述不一致，或高端定位的产品，用质量很差的纸张印刷说明书，且出现很多错误，都会破坏企业在客户心中的形象。随着传播渠道和传播技术的发展，售前市场传播和售后技术传播的界限越来越模糊。技术文档工程师也会直接输出产品介绍、数据表（Data Sheet）、技术白皮书等文档并直接应用在市场拓展及产品销售环节。企业或用户在采购重要且复杂的产品时，也会提前了解产品的具体特性和功能，了解产品如何安装、部署、维护。就算是传统的产品使用说明书，也承载了产品的品牌形象。企业可尝试改进产品使用说明书，从而传递产品价值、提升产品营销力。

　　第三，提高用户体验。初级用户大多对于复杂的产品会产生困惑感，甚至望而却步，而高质量的技术文档为用户提供简单易懂的操作指引，确保用户安全正确使用产品，为建立良好的用户体验提供保障。目前国内通常的状况是，相同的内容在不同的部门被反复地创建，如产品介绍，市场部写一份，研发部门写一份，技术支持部门和客服部门又写一份，而彼此之间并无沟通。多部门创建文档，既会导致成本高昂，还会出现内容和术语不一致的问题。这样反复创建的内容，若通过不同渠道（如印刷版本和网页）传递出去的内容不一致，或是同一内容在不同的呈现形式中不一致（如产品介绍在安装手册和在产品规格说明中），会导致用户很难理解相关内容，从而降低用户的信任，使企业自身陷入被动的处境。相反，在产品售后服务中为用户提供正确、可用的指导可以提升用户的满意度，也有很多企业通过技术内容的运营增加用户黏度，如设置平台使用用户可把使用产品过程中产生的心得和经验分享给其他用户，分享者传递满意度并提升成就感，产品也得到更大信任。

　　第四，降低法律风险。国际标准 IEC 82079-1 对使用信息的价值、合规性做了规定：使用信息是产品不可分割的一部分，应该受到和产品其他任何部分同样的关注和重视。企业有责任、有义务指导用户安全正确使用其产品，用户人身财产安全受到法律的合法保护。产品的使用信息是产品的重要组成部分。如果使用信息有缺陷，不符合需求，整个产品也视为有缺陷。产品的使用信息应当明确并且容易被辨识。根据法律法规要求，产品的使用信息要能够真实介绍产品特性，没有夸大和虚假的内容。对于因产品使用不当，容易造成产品本身损坏或者可能危及人身和财产安全时，应有"安全警示"，尤其是医药、汽车等使用过程中可能会产生一定风险。如果缺乏符合法律法规要求的使用提示，会引发很多法律纠纷。

第五，降低技术支持的成本。用户面对复杂的产品，通过阅读产品说明书无法解决遇到的产品问题，就会求助于制造商。制造商必须成立相应的技术支持部门来回答用户的问题并为用户提供售后技术支持服务。如果为海外用户提供技术支持，所花费的成本会更加庞大。用户如果可以通过技术文档自助，将会为企业缩减大量技术支持成本。因此提供产品使用手册，实际上是以最低成本的方式对用户进行赋能，这样用户能够自己完成产品的安装、使用和解决问题，从而避免联系企业的服务热线或者要求提供额外的技术支持。人工客服和技术支持只能解决单个问题，产品使用手册却能高效解决一系列问题。除了产品包装盒中常见的印刷小册子，产品的使用手册还可通过公司网站、互联网、软件应用（APP）等多种方式提供产品的使用指导，充分借助互联网技术乃至人工智能技术可以让用户能随时随地得到需要的帮助信息。对于软件类或屏幕类产品，还可将使用指导信息融入产品界面。企业和组织一直都在产生无数的内容，良好的组织、发布、投放和管理技术内容能够让企业和组织达到事半功倍的效果。例如，在淘宝上跟客服沟通，会有自动回复给出常见问题的解答，用户可以通过点击一个链接获得想要的答案，或是通过回复一个关键词得到相关内容的推送。这就是用技术内容解决问题的一个思路，能够节省雇佣更多客服人员的成本，帮助用户自助完成整个购物流程，也提升了满意度。而无论是自助服务 APP、AI、AR 等，大多以推送内容的形式解决问题。比起"一对一"的人工服务单点发送解决问题，多点发送的技术内容解决问题会更加经济。

第六，降低本地化翻译成本。合格的技术文档必须具备风格一致性和术语一致性。英文技术文档除了针对以英语为母语的用户之外，还会作为产品国际化过程中需要送翻译的产品配套源语言文件，而源语言文件须符合国际标准规范。如果源语言文件语言质量本身有问题，就会直接影响后面的整个本地化翻译过程，进而增加本地化翻译成本。

第七，提升产品的可用性。产品的使用复杂度不一样，对技术内容的要求也不一样。日常生活中常见的产品和功能丰富的高科技产品的技术文档对内容的要求就不一样。适切的技术文档内容，可以显著降低用户的学习成本，提高产品的可用性。合格的文档工程师会假设自己是产品的用户，站在用户视角进行内容开发。在此过程中真实地模拟用户去学习、使用、维护产品，发现产品的可用性问题，并反向驱动产品的持续改进。这样用户体验也会随之提高。

1.3.3 以用户为中心的技术文档

过去一直是技术专家或者研发人员承担技术文档写作的任务。他们一般会按照产品功能明细的框架进行信息的组织。而产品功能明细是研发人员用来实现产品功能的详细说明，对于技术工程师实现产品来说很有效。但按照产品功能明细创作的技术文档，对于用户来说却很难理解和接受。

Norman 认为，用户使用产品时受到"心理模型"的影响。心理模型是指存在于用户大脑中关于产品的概念和行为的知识，这种知识来源于用户以前使用同类产品的经验，或用户根据使用产品要达到的目标而对产品的概念和行为的一种期望。而产品实现模型越接近用户心理模型，产品就越人性化，易于操作使用。因此，企业应该让产品适应用户的生活和习惯，而不是让用户去适应技术的不合理设计。同样，作为产品的衍生品，技术文档不能以"实现模型"的思路来编写，而应该将用户的"心理模型"即心理预期考虑在内。以用户为视角创作技术文档，才能联通产品设计与用户心理，也才能有效地指导用户使用产品。

以用户为中心的技术文档主要围绕用户的目标和需求进行组织，而不是围绕产品。强调以用户的信息体验、用户的目标、用户要完成的任务为出发点组织信息，使信息易于使用、易于理解和易于查找。从目录上看，以技术专家为视角的技术文档主要以产品性能作为主题，而以用户为视角的技术文档主要以任务为主题。每个任务主题以任务为中心进行内容的组织和语言的描述，仅包含与任务有关的概念和参考信息，而与之无关的信息无须纳入。

创作以用户为中心的技术文档，要求文档工程师既要研究用户目标、用户需求和潜在任务，又要寻求与多部门保持沟通，包括产品设计师、研发工程师、绘图工程师、用户体验工程师、测试工程师、技术支持工程师等，从他们那里获取有用信息，对信息进行组织和再创造，才能完成技术文档创作的任务。

技术文档的发布为一个周期画上句号。然而，产品的研发是持续的动态发展过程，一个周期的完成则预示着另一个周期的开始，技术文档开发会随着产品更新迭代和用户需求的变化周而复始。

第二章　结构化思维概述

结构化思维（Structured Thinking）最早由 Barbara Minto 于 1973 年出版的《金字塔原理》（*The Minto Pyramid Principle*）一书中提出，它是以事物的结构为思考对象，引导思维和表达，以及解决问题的一种思考方法。结构化写作根据一套既定的规则，确定内容以什么顺序、什么形式组合在一起，强调分类逻辑的合理性和整体的一致性，能高效、准确地创建和传递信息，已成为现代技术文档首选的写作方式。

学习者流动式和随意叙述式的思维方式导致他们在偏重结构化思维的技术写作课程中表现欠佳，甚至就业后仍需培训才能适应职业要求。显然，结构化思维模式培养对于技术文档开发来说至关重要。本章首先介绍结构化思维的内涵及原则，再探讨其价值和应用，并阐述它与结构化写作之间的互相依存和支撑的关系。

2.1 结构化思维的内涵及原则

结构化思维最早是作为管理学概念被提出的。我们熟悉的惯性思维指的是按照经验和直觉来分析和处理问题；逻辑思维则强调推理和逻辑分析；水平思维则试图找出特殊属性之间的关联，以获得创新。而结构化思维则是从框架到细节的思维方式，建立一个清晰、有序的思考结构，以假设为先导，强调快速、系统地解决问题。结构化思维也被称为表格化的思维结构，强调结构和逻辑，通过结构的完整和逻辑的严密来保证结果的正确。掌握结构化思维之后，我们的思考将从无序到有序，从混乱到清晰，从低效到高效。

2.1.1 结构化思维的内涵

结构化思维的核心在于对问题进行正确界定，先考虑做这件事的目的是什么，再分析达成这个目标需要做哪些工作，对问题的构成要素进行合理的分类，并对其中的重点环节进行分析。综合来看，结构化思维的内涵包括：对问题进行正确界定；对问题的原因进行假设；对可能假设进行合理分类；去掉非关键环节；分析重点核心环节。

2.1.2 结构化思维的原则

管理学中有不少结构化思维的原则，这里笔者只阐述在技术写作中关于内容管理和结构设计的常见原则。

原则一：分类原则（MECE），也称枚举分析法

分类原则由 Barbara Minto 在她的 *The Minto Pyramid Principle* 一书中提出，内涵为 "Mutually Exclusive, Collectively Exhaustive"（相互独立，完全穷尽），这是结构化思维的核心指导原则。"相互独立" 指内容模块在同一维度上具有互斥性，"完全穷尽" 指分类全面，没有遗漏。结构化思维推崇内容框架既包含了所需的所有内容，又是简练、没有多余信息的。在技术写作当中，即为 "结论先行，以上统下，归类分组，逻辑递进"。也就是在报告和说明信息时，先说结论，再说理由，最后说事实；在解决问题时，先归纳，再推理，后得出结论。

Minto 同时指出，在常见的两大类逻辑关系中，时间结构关系包含了流程关系、逻辑关系和依赖关系，空间结构关系包含了并列关系和包含关系等。人们在判断拟设计的结构是否合理时，可从中选用合适的逻辑关系进行判断。

例如，在工作中，我们常常采用二分法，即将某事分为 A 和非 A。但是还有一部分工作汇报中会出现 "其他" 这样的字眼，这其实就是代表有些内容没有分类彻底。MECE 原则有以下三大核心方法。

（1）结构分解法

结构分解法共有三个维度：层次、类别和流程。

层次划分指的是将内容按其性质进行分层解构。例如管理学中，在做组织架构图的时候会有基层员工、管理层员工和经营层员工三个层级，在进行人才培养的时候会划分为一级人才、二级人才、三级人才和四级人才等。

类别划分是常规的归纳和分解方法。如品牌推广部的五大职责、日本的 5S 管理和市场营销学的 4P 理论。人才招聘渠道也可以划分为校园招聘、社会招聘、内部招聘等。

流程划分也属于比较常见的分解方法。例如在店面管理的销售技巧中，可以根据客户的动作划分为顾客进店、店内销售、送客离店等流程，然后在不同的流程阶段中进行销售的技巧培训。人力资源工作是对人才的输入和培养，也可以用流程划分为 "选人—训人—考人—用人—留人" 五个步骤，即选拔人才、培训发展、绩效考核、职责分工和人才激励五个部分。

例如，在编写某教育公司品牌活动部门的经营计划时，可采用结构分解法如下：首先，从层次上来看，自下而上分为项目、区域、事业部、股份总部。经营计划定位在事业部层面，需要厘清过去一年的项目完成情况，形成事业部品牌部门的定位，即承接总部战略，有效指导区域品牌发展。经营计划应该偏向于标准的制定和梳理，职责界定和划分，资源配置和整合，另外强化监督和考核。其次，从类别上来看，工作职责分为形象管理、传播管理、市场管理、活动发展和关系管理五个方面。从这五个方面进行工作内容的复盘，厘清亮点、优势和不足，并且针对所有的不足提出解决方案。最后，从流程上来看，工作分为品牌知名度、品牌美誉度和品牌的忠诚度。由于教育公司处于初创期，以打造知名度为主，下一年的经营策略应确定为"进一步提升公司知名度，扩大覆盖面，初步提升美誉度和服务体验"。通过这样的方法，很快就能厘清经营计划的编写思路。

（2）数学公式法

Jim Collins 在《从优秀到卓越》（*Good to Great*）中提到，成功的企业都有一个共同点，即能够通过自身的商业公式快速找到业务痛点和关键，从而实现业务的快速发展。在很多外企的面试中，常常碰到类似的问题，"请你估算一下中国目前的汽车数量""请估算首都国际机场每天的客运量是多少"。其实面试官考验的并非是最终的结果，而是对于过程的逻辑推演能力，本质上就是考验面试者的结构化思维能力。

例1：请估算北京市地铁每日的客运量有多少？

北京地铁日客运量的推演逻辑为：首先找到客运量的核心要素是地铁数和每条地铁能够承载的人数，再将两大要素进行层层分解就可以找到最终的商业公式。

假定北京地铁线数是 16 条，每条线同时运行的地铁列车数为 10 辆，每辆地铁列车每天运行次数为 20 次，车厢数为 30 节，车厢核定人数为 50 人，上座率按照 150% 来算的话，北京地铁每日的客运量是 960 万。根据 2018 年 10 月份报道，北京地铁日客均量在 1 035 万人次，所以估算数量偏差小于 8%。

例2：加盟某酒店，加盟后应如何快速实现业绩增收？

推演逻辑为：营业额 = 消费者数 × 产品品类 × 消费单价 × 满座率。根据公式可以看出，要想快速提升营业额，在加盟模式的背景下，产品品类和消费者的消费单价基本确定不变，关键就是增加消费者数量和提升满座率。因此，工作要把真功夫下在市场营销推广和内部运营管控上面，才是核心策略。

（3）矩阵法

在综述前，必须查阅很多领域内相关的文献资料，从而确定该领域目前知识重叠的地方和不同的地方，然后将其综合起来，以便在更大的程度上更好地了解某领域整体的情况，即为矩阵法。通俗点讲，它的工作原理非常像拼图游戏，必须将各个部分（参数）放在一起，从而以揭示整体。

常见的 2×2 矩阵，通常指任务管理时，将事情按照重要程度和紧急程度进行划分，形成四个象限，从而判断先做什么，后做什么。通过不断增加重要不紧急的工作，才能有效控制工作节奏，快速提升工作效能。

常见的矩阵案例如 DISC 性格认知，根据人们的主动或被动、关注事或关注人，将人的性格划分为四类：支配型、人际型、谨慎型和稳健型。

例如，如果同事借钱，借还是不借呢？其实，借与不借的关键在于对方能不能及时还。还钱可按意愿和能力分为四个象限，形成借钱的 2×2 矩阵。

借钱还钱的矩阵逻辑：当对方有意愿、有能力还钱的时候，可以慷慨解囊，根据自己的经济状况、对方需要多少尽量满足；当对方有意愿、没能力还钱的时候，朋友开口了，只能给一个要不回来也不心疼的数量；当对方有能力却没意愿还钱的时候，需要提升他的意愿，让他写下欠条或字据；当对方没有意愿也没有能力的时候，我们不能借钱。

企业管理的领导力课程"情境领导法"也是根据 2×2 矩阵来分类的：当领导面对有意愿有能力的下属时，要学会授权；面对有意愿没能力的下属时，要用心教导和培训；面对有能力没意愿的下属时，要学会激励；面对没有意愿没有能力的员工时，要能够有效控制，最快速的处理办法是介绍给竞争对手。

MECE 原则是 Minto 对正向金字塔结构设计（自上而下）和倒向金字塔结构设计（自下而上）的实践。下面分别阐述这两种设计。

正向金字塔的设计，即自上而下的方式，要求站在战略的高度来看企业的目标、用户的需求或产品的定位。从最高的策略和目标向下展开，一层一层设计内容的结构。自上而下的设计是由大到小、由高到低、由整体到部分的，比如：茶→红茶→滇红。其结构化思维的过程：先有一个整体目标，再逐步将目标进行分解的结构设计。自上而下的结构设计先提供大的结构，再细分为若干子结构。

在逻辑学中，自上而下的过程也叫推导和演绎的过程，要求在对所属领域有充分理解的情况下进行整体的设计，再逐步填充内容类型。

自上而下的结构通常始于一个更高层次的问题和目标，要求设计者能够明白整体的内容策略和用户需求，先设计基础的框架，在此基础上，对内容的关系逐步进行提炼，层层深入细化。这种设计方式并非只针对技术写作，也常常用于设计其他类型的内容，比如新闻报道、议论文等。自上而下的结构先设计整个内容的架构，从内容的体系，到单个文档，到内容模块，再到每个句子。

倒向金字塔的设计，即自下而上的结构设计的策略，通常都从内容模块出发，再逐渐发展到复杂和完整的体系。这种设计要求对内容的细节了解得足够透彻，最底层的内容模块要详细收集用户的每一个任务。

自下而上的结构设计，要求每个内容模块都具有自明性，也就是该内容模块独立出现的时候，是要有意义的，否则就会很难被归类。同时一个内容模块也不能是有多个意义的，也就是说当它的意义大到无所不包时，也会很难归类。

单独使用自上而下的方法会存在问题。自上而下的结构设计要求先设计框架再进行填充，但是有可能看不到一些细节，比如某个用户的需求内容模块被遗漏，某种文档的缺失等。在实际的设计过程中，自上而下的设计和自下而上的设计向来都是共同出现、交叉使用的。内容的结构往往需要迭代多次才能够稳定下来。在计划的阶段，往往会自上而下地设计，进行整体的考虑；到了实现的阶段，往往会遇到很多计划时候没有考虑到的内容模块，这时候就需要自下而上地对整个结构进行补充。

原则二：5W2H

作为结构化的分析方法之一，5W2H 是在分析一个问题和明确一个任务的时候，将问题通过是什么（What）、为什么（Why）、在哪里（Where）、什么时间（When）、什么人（Who）及如何做（How）和做多少（How much）等几个方面进行分析。5W2H 分析法又叫七何分析法，有的时候会根据情况拿掉 How much 这个方面，变成 5W1H。当不知道如何对一个主题进行分析的时候，可以使用这个方法。该方法有助于弥补考虑问题的疏漏，也同样适用于技术写作和内容策略的分析。

分析一个内容模块该不该存在的时候也可以使用这一方法，分析"这个内容为什么存在？它解决什么问题？谁会使用？用户什么时候会使用？如何获取？使用得频繁吗？"等。通过分析这几个方面的问题，就会很清楚地发现，哪些内容是必要的，哪些内容的创建是浪费时间，哪些内容的传递是不对的等其他问题。

在设计内容模块的时候，不断地使用这个方法，就能得出用户友好的内容。

原则三：二八定律

二八定律又称 80/20 定律、帕累托法则（定律）（Pareto Principle）、最省力的法则和不平衡原则等，广泛应用于社会学及企业管理领域。该定律可表述为，在任何一组资源中，最重要的只占其中一小部分，约 20%，其余 80% 尽管是多数，却是次要的。

在内容设计的领域也是如此，技术文档工程师应把握核心内容优先的原则，有些内容的使用者非常多，且很多其他内容发布物会链接到此内容。那么这些内容就是最重要的基础内容模块，对于基础内容模块应该花最大的精力保证其正确性和延展性。这是因为其一旦变化会引起其他内容一起变化，同时大部分的用户都需要它。在资源有限的情况下，要集中精力先满足这部分的内容创建与发布。

所有的结构化思维，并不是非此即彼的选择，而是交叉使用的，既要自上而下又要自下而上进行结构设计，既要用 MECE 又要用 5W2H 等方法去分析。

2.2 结构化思维的价值及应用

结构化思维在管理学和社会学中备受推崇，在逻辑学中也有研究，这说明结构化思维有其重要价值，也能被广泛应用。

例如，拥有结构化思维的人，在工作和生活中遇到复杂问题时，可能会使用 2W1H 来全面思考问题。通过是什么（What：是什么导致这种现象）、为什么（Why：为什么会造成这种结果）、怎么办（How，应该怎么解决），便可以全面了解问题，并想出解决办法。在表达观点时，拥有结构化思维的人可能会使用"总—分"方法，先讲论点，再分点阐述自己的论据，让别人更容易听懂自己的观点。在写材料的时候，拥有结构化思维的人可能会按"应该怎么做？做的方案是什么？这个方案有什么好处？如实施这个方案会怎样？"等思路来编写，让材料逻辑显得更加严谨。拥有结构化思维的人，也可能会使用其他的思维模型来解决上述问题，但殊途同归，都是要让问题变得更具条理性、逻辑性。

由此可见，结构化思维并不是指某一具体的思维模型或思考方法，而是将各个思考单元有序地组合、连接。就像搭积木一样，每块积木都是一个思考单元，结构化思维就是将这些积木按照一定的逻辑、架构搭建成特定的模型。

结构化思维会把接收到的信息，从零散、无序的状态，加工成系统、有序、有条理的信息，继而提高解读信息的能力和工作效率，帮助实现自我目标。

同时，结构化思维是搭建知识体系必不可少的思维，它将帮助我们更好地理解知识、连接知识、运用知识，继而提升我们的认知和思维。结构化思维对个人的价值主要包含以下几个方面。

首先，结构化思维能够提升个人能力。结构化思维可以让人们的思考、写作、表达更具条理性、逻辑性，继而提升解决问题的质量和效率。

其次，结构化思维可以提升人们的认知。结构化思维可以帮助人们快速、全面地理解信息，从而更好地理解现实的底层规律，提升认知和思维水平。

结构化思维即搭建金字塔结构的思维，是将结构化思维具象化的方式，它将人们的思考结果形成一个类似金字塔的三角形结构图，一个由结论、论点、论据组成的"总—分"结构。从 Minto 所阐述的金字塔搭建原理可看出结构化思维更为细致的价值和应用。

（1）结论先行

结论先行，就是先展示观点，再一一列出支撑论据。先给出结论、最重要的观点，可以统领整个思想的表达。例如，当汇报工作的时候，利用结论先行，可以先把汇报的核心观点先讲出来，然后再讲支撑这个观点的依据、论据。结论先行有以下好处。第一，重点先行，更容易让人记住。在一次会议上我们往往只能记住前三个重点事项，从第四个开始，越往后，记住的人就会越少。第二，结论先行，更容易让人理解。先讲结论，再讲依据，符合人们常规思考过程。当我们听到结论之后，大脑就会开始自动推理各个论据之间的关系，进一步促进人们的理解。

（2）以上统下

以上统下代表金字塔的纵向结构，上一层的内容，是下一层内容的结论或核心观点。例如，要讲某件事情的优点，上一层是这件事具体有什么优点，下一层则是这件事会有这些优点的具体原因。这样做可以让对方快速了解你说话的目的和导向。

（3）归纳分组

归纳分组就是把性质、属性相同的事物放在一组。例如，可以把香蕉、苹果、梨等放在命名为水果的一组。

归类分组需要根据事物的共同属性进行，这些属性可以是性质、功能、层次、方向、事件等层面的。例如，在时间层面，可以分为事前、事中、事后，过去、现在、未来等不同组。分组时，需要符合 MECE 原则，也就是每个类别之间是各自独立的，没有重叠。技术写作中大量运用"归纳分组"法可以提高内容复用（在技术写作中，有一个概念和复制粘贴很像，便为内容复用，词句段章都可以实现重复使用，内容复用程度取决于该部分信息的通用性）的效率。

2.3 结构化思维与结构化写作

2.3.1 结构化写作

认知心理学家 Robert E. Horn 在《结构化写作范式》（*Structured Writing as a Paradigm*）一文中最早提出结构化写作（Structured Writing）的概念。Horn 在该文中将信息模块（Information Blocks）定义为结构化写作中用来描述某个领域题材的最小单位，为信息模块化以及达尔文信息类型化体系结构（Darwin Information Typing Architecture，DITA）标准奠定了基础。

Horn 在调查读者阅读时存在哪些问题时，得到的答复常常是"很难弄懂材料的组织结构""材料的主要观点深藏不露""我没有太多时间阅读""我希望只有一两句话或者有步骤性信息"等。在调查写作人员写作时存在哪些困惑时，得到的答复常常是"不知如何组织素材""如何易于读者理解和阅读"等。

于是，Horn 从作者、读者、领域题材等视角进行深入分析，提出了结构化写作的范式，试图解决所存在的现实问题。

首先，Horn 和他的同事经过研究各类题材文档，提出了信息模块的概念，试图回答"知识内容应该如何组织和表述才更适合作者创作和读者阅读与检索"这一问题。Horn 将信息模块定义为描述某个领域题材的最小单位，即将领域题材切割成最小的有意义信息单元，使之模块化和碎片化，之后在确保内容连贯衔接的前提下，按照一定的逻辑顺序和层级结构将这些信息单元有机组织起来，以便信息能被反复利用、有效检索和通过不同平台进行数据交换。各主题之间通过信息映射（Information Mapping）的方式组织层级结构。经过研究分析大量技术类文档，Horn 的团队列举了超过 200 种类型的信息模块，发现其中"概念""步骤""流程""事实""原理""分类"和"结构"七个信息模块较为常用。"概念""任务"和"参考"信息主题是最为基础的信息主题。

将 Information Mapping 方法应用于技术写作，使得技术信息具备预先设计的类型和单元结构，这就是结构化写作的基本方法。

2.3.2 DITA 标准

为了提高信息编写的效率，保持信息的一致性和降低信息生产成本，IBM 公司所支持的结构化信息标准化促进组织（OASIS）提出达尔文信息类型化体系结构（DITA）标准。事实上，DITA 是一个基于可扩展标记语言（Extensible Markup Language，XML）的体系结构，用于发布技术信息。DITA 定义主题（Topic），支持模块化的信息创建方法。文档由多个单个的或者组合的主题构成。

DITA 还定义将主题组合到文档中的机制，该机制称为"映射"，并允许定义主题的层次结构。例如，一本书的映射可产生由章、节和小节组成的层次结构。一般来说可以将信息分成三类主题（Topic），即任务主题（Task）、概念主题（Concept）和参考主题（Reference）来进行组织和管理。其中，任务主题不可或缺，概念主题和参考主题主要是辅助说明任务主题，为可选。

DITA 标准与 Information Mapping 的类型非常相似，DITA 标准还可以进行拓展，在结构化方面极具优势，是结构化思维在结构化写作中的体现。然而，DITA 标准也会使得文档在过度解构后存在缺乏流畅性的弊端。尽管如此，DITA 标准的高效和清晰度依然使得它在 IT 行业、出版业、制造行业和高科技领域的应用越来越广泛。

本章探讨了结构化思维的缘起、内容和应用，以及它与结构化写作密不可分的关系：结构化写作中处于核心地位的 Information Mapping 概念和 DITA 标准既有结构化思维中 MECE 原则的影子，也是正、倒向金字塔思维设计的实践。培养技术文档工程师的结构化思维，进而形成思维自觉，是提升技术文档质量的重要途径。

第三章　结构化写作模式——技术写作的灵魂

　　结构化写作（Structured Writing）是指创作结构化文档时的写作方法。其核心概念信息映射（Information Mapping）方法论，极大提升了该类文档的易读性、易懂性、易记性。信息映射方法有三条核心原则，即信息分类、信息分块和信息聚合。信息分类是指将所有要表达的信息划分为六个通用类别，同一类信息按照相同的格式和风格来描述。这六个类别是：流程（Procedure），步骤（Process），原例（Principle），概念（Concept），结构（Structure）和事实（Fact）。信息分块是指将大量信息切分为小单元的方法，这些信息单元也称信息模块（Information Blocks）。信息分类和模块化是结构化写作的关键要求。信息聚合是包含信息标签、一致性、信息相关性等要求的信息组织方法，其核心思想就是让信息模块组成文档时易于快速阅读和理解。例如，信息标签就是在信息模块前加上说明标签，通常是一个标题，这样人们在阅读时看到标签就会理解这个模块的主题思想。将信息映射方法应用于技术写作，使得技术信息具备预先设计的类型和单元结构，这就是结构化写作的基本概念。本章首先介绍技术文档开发流程，再着眼于技术文档开发视角的内容管理，接着为了突显结构化写作的特点，笔者将结构化写作和非结构化写作进行了对比，最后详述了结构化写作模式所涵盖的主要内容。

3.1 技术文档开发流程

　　技术传播以用户为中心，以任务为导向。中、大型的技术传播项目产品可能包括若干本甚至几十、上百本文档内容，其形式和交付渠道也多样化，仅凭单个人的力量无法在规定的时间内高质量地完成，因此技术文档的开发需要团队协作完成。

　　合格的技术文档开发项目具有完善且固化的流程，且与产品开发、测试、市场和售后技术支持等部门联系紧密。技术文档写作的标准化流程有多种提法，但都大同小异，较为完整的流程大致可分为以下 10 步，见图 3-1。

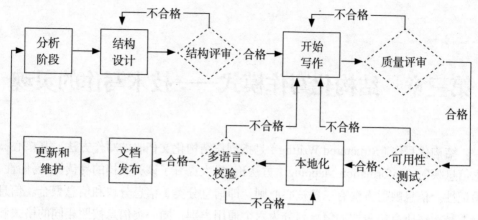

图 3-1 技术写作流程

（1）分析阶段

准确分析用户及用户的信息需求是设计和写作的前提条件。在分析阶段，主要工作为进行用户"画像"，收集有关用户或者技术文档受众的资料，对其进行详细、合理的归纳和分析，并结合技术信息，识别用户的真正需求，进而确定文档开发任务。

具体做法包括，了解用户所在国家或者地区的文化习俗，用户使用产品时的生活与工作环境等；厘清用户的年龄层、性别、工作环境和职业特点等；确认技术文档最终的交付格式、设计风格特点。收集信息的常用途径是通过可用性测试的实验方法直接观察用户如何使用产品；与用户深度访谈，了解用户想要达到的目标和完成的任务。还可以通过多重渠道和方式收集用户的反馈，如用户调查、访谈、电子邮件问卷、论坛讨论、社交媒体或售后技术支持维修中心积累的相关数据等。

需要注意的是，不同的用户有不同的需求，很多用户甚至不知道自己的需求。技术文档设计师常常需要比用户更了解用户自己，知道用户的学习风格、记忆机制、解决问题的模式和使用信息的习惯。行业上也有很多方法能帮助设计师准确分析用户需求，如虚拟角色、用户任务分析（UTA）等。

分析阶段也称为规划环节，主要任务是确定写作范围和制订写作计划的过程。规划时的要点是深入理解用户和信息使用场景。缺少了规划环节，面向消费者的图文指导书可能会变成遍布技术术语又超详细的设计方案。如未能正确地识别出用户的真正要求，最后输出的内容或形式也不会令用户满意。

（2）结构设计

结构设计包括目录设计和样式风格设计。技术文档设计师应根据用户的目标、需求和产品功能筛选出一定的任务主题，列出主题目录结构以及确定样式风格，目录结构需要按照用户使用产品的逻辑顺序进行组织和安排。技术文档的使用一般会横跨多个产品，纵向涉及产品的多个系列版本。

应根据任务主题的特点、用户阅读习惯和方式选择合适的写作工具，并决定内容交付输出的格式，比如基于 Web 的在线帮助或移动终端 HTML5 格式或者其他 PDF 电子格式等。

技术文档最终呈现的样式风格与文档结构紧密相关。统一的样式风格可以帮助用户有效理解技术文档。设计师需要根据用户的特点，企业统一的风格要求，比如颜色方案、标志等，并根据最终交付的格式等因素考虑样式风格。如果最终交付格式为 PDF，则需要采用 InDesign 等排版工具设计样式风格；如果最终交付格式为 HTML5 自适应格式，则需要定义 CSS（Cascading Style Sheets）风格。

（3）结构评审

结构评审是技术文档内容不偏离需求的重要保障。主要章节内容以及目录确定之后，需要发送给产品研发部和市场部，确认结构内容与待开发的产品以及市场目标和卖点信息是否吻合。经过评审后，技术文档设计人员会根据评审的结果更新目录结构设计，直到最终确认。

结构设计和结构评审也合称为架构设计环节，是指依据规划要求，将需求分析结果与技术内容相结合，对交付件进行结构设计的过程，也是将用户需求转换为信息架构的过程。架构设计的要点是对信息需求归类，并按用户的使用顺序组织内容，让写作内容契合阅读要求，架构设计的最终目的是让用户能以最方便的方式获得需要的信息，以便更好地解决问题。在这个阶段常见的设计范式有帮助用户便捷找到信息的"可搜索性设计"，解决文档枯燥问题的"情感化设计"，加深用户长期记忆的"叙事（Storytelling）模式"和降低用户认知负荷的"渐进式呈现"等。

架构设计是技术文档开发项目中承上启下的核心环节，是编写高质量技术写作交付件的基础，和交付件的实用性密切相关，对交付件质量有决定性的作用。架构设计环节的输出件类似文档大纲或目录。

（4）开始写作

在写作之前，编写者可根据要求参考 IBM 或微软公司的风格指南，编写出企业专属的内部风格指南，以统一写作风格和语言规范。

技术文档工程师首先分析任务主题，厘清任务的优先级、难易程度和先后次序。然后将任务主题分配给技术文档编写人员，由编写人员分析用户完成任务所需的条件和详细的操作步骤等。如需使用图和表，要做到图和表中的文字易于理解、阅读和翻译。文档语言需简明扼要、描述准确。

在此过程中，技术文档工程师需与各部门保持密切沟通，例如，查看产品或者软件研发部门的功能明细表，查看用户体验部门的相关文档，收集市场部门有关用户的信息、竞争产品的信息以及研究企业内部相关的信息等。技术文档工程师从各部门收集到信息后，经过深入分析和理解，才能正确创作出相应的主题信息，在需要设计插图时，需向绘图工程师提出所需要的插图列表，列出详细的需求信息。图片和文字紧密联系，文字与图片环环相扣。

基于任务的创作模式有利于内容的反复利用，为后期质量评审和本地化翻译节省大量成本，同时可确保内容的高度一致。

写作环节是指按照设计要求将信息开发出来的过程，包含编写文字信息以及制作和使用图形两个主要内容。以儿童简易脚踏车的安装指南为例，"工具准备"章节既可以使用文字来描述所需工具的名称和规格，也可用图示法做直观表示。

需要注意的是，和常规意义的写作不同，技术写作项目会用到"模板"这一概念和工具，这也是技术写作的特殊之处。在写作时使用模板可以更好地提升写作的质量和效率。模板本身用于约定排版样式和一些写作要求，如常规的 Word 模板、PPT 模板、DITA 模板等。但是技术行业领域也产生了很多成熟的基于 XML 的信息开发技术，例如达尔文信息分类架构（DITA）等。按照这种方式写出的文档风格一致，可以轻松进行复用和重用。技术写作可以继承以前项目中较为成熟的模板。

（5）质量评审

质量评审主要包含语言审校（Editorial Review）、技术审校（Technical Review）和法律评审（Legal Review）。

语言审校主要审校技术文档的语言是否规范、术语是否一致、是否遵守写作风格指南等。如果技术文档是非母语工程师用英文写作的，还需母语专业审校专家进行语言质量审校，一般会提供评审反馈。技术文档工程师会根据实际情况决定是否采纳审校专家的意见，如果不采纳，一般会提供不采纳的合理理由。语言审校确保了技术文档在语言和文化层面上的准确性，可以消除规范性和易读性缺陷，保证技术写作质量。

技术审校主要指产品开发人员和测试人员会根据产品情况对技术文档进行检查，查看所描述的信息是否与产品以及版本相符、参数是否准确等。技术审校确保了技术文档描述的技术层面的准确性，不出现技术性偏差和错误，包括描述对象的外观、技术规格、操作步骤和技术性描述。

法律评审主要由区域市场经理安排合适的人员根据当地市场相关规定，检查相应法律法规的内容章节是否相符，避免法律风险。法律审校确保产品销售到当地时，技术文档满足当地市场法律法规层面的合规性。

评审环节是指由技术专家和写作专家预先阅读交付件并完成错误校勘的过程。可以看出，技术文档的创作过程，是团队集体智慧、互相协作的成果，并非由技术文档工程师独立完成。

（6）可用性测试

对技术文档进行可用性测试，目的是验证文档或其他帮助形式能否帮助用户完成任务，效率及满意度是否能达到用户的预期目标。

可用性测试人员可以是专业咨询公司可用性测试专家，也可以是企业内部测试人员。测试人员他们均需掌握最基本的评价方法，例如，启发式评价法、内容分析法、统计分析方法等。可用性测试维度主要有技术文档的结构、语言质量、安全信息以及视觉性设计。专业咨询机构会根据企业要求设计测试任务，邀请被试人员进入可用性测试实验室接受评估。评估内容为用户是否能够按照技术文档的指导信息顺利完成任务，确保操作步骤正确、信息完整无遗漏、技术文档描述和产品一致。测试人员会对技术文档全面系统地进行测试，然后将评估报告提供给技术文档研发专家或者相关部门。

（7）本地化

技术文档经过评审、测试和更新后，会根据企业需求发送至本地化部门或专业语言供应商进行多语言翻译和本地化。一般来说，由于产品上市时间的紧迫性，技术文档并非在所有章节全部确认后才发送至本地化部门。基于模块化和主题的写作模式，已完成测试和评审的章节可优先发送。随着产品研发模块不断更新推进，技术文档也随之动态更新，本地化翻译也不断迭代。迭代的本地化模式能为产品的多语言版本同步上市赢得宝贵的时间。

（8）多语言校验

为避免出现词语截断（Truncation）或乱码等缺陷，经过本地化的技术文档或用户界面字符串（UI strings）需要嵌入产品内，或经过母语专家对产品进行多语言校验。多语言校验需要有经验的母语审校人员严格对照最新的产品版本对 UI 字符串和技术文档进行出厂前最后的校验。校验出来的问题如果是源语问题，会返回写作环节进行更新；如果是本地化翻译问题，会返回本地化环节进行更新。直到校验全部合格后才能进入发布环节。

（9）文档发布

技术文档经过审校之后，技术文档工程师会根据不同用户的要求导出所需的格式文档，例如 PDF、网页、长图、PPT 等。再对文档内容进行组织和包装，发送给市场部进行印刷装箱，或通过网站、APP、微信公众号等网络渠道交付，或作为软件产品的内置帮助交付等。发布后，技术文档可以面向外部使用者传递，无技术正确性或写作缺陷的风险。发布阶段是技术写作流程的完结点，表明技术文档的一个完整周期告一段落。

（10）更新和维护

为满足市场需求或功能改进的需要，随着产品或技术的不断更新，相应的技术文档内容也需要及时维护和更新。同时，原有的文档内容也可能存在错误，需要维护修订。技术支持部门或者市场部需要根据用户相关反馈数据，提出产品的下一个更新版本或优化版本。涉及技术文档更新的内容，技术文档工程师会向文档研发部提出相关更新需求，除写作环节外，还可能会需要重新进行需求分析和架构设计。技术文档第二个版本的更新迭代又从以上所述的"分析阶段"开始，循环往复。

3.2 技术文档开发与内容管理

开发技术文档的目的就是向用户传输技术内容。然而，目前很多企业所传输的技术内容都存在着不同程度的问题。其中最主要的有：①质量问题。很多内容对用户毫无意义，有些错误内容会误导用户，甚至样式、排版、语言存在低级错误，无法满足用户的需求。②成本问题。有些技术内容没有解决问题，甚至没有得到有效的传递，浪费了成本。③信噪比（Signal to Noise Ratio）过低。很多技术内容中都充满"噪声"，冲淡了真正有效的信息浓度，这与技术内容追求高效沟通的目的相悖，同时，非结构化的内容、累赘的内容也会导致过低的信噪比。这使得真正能回答问题、解决问题的有价值的内容很少，降低了沟通效率。④利用率低。一是技术内容使用率低，可能是内容质量不高，也可能是不符合用户的习惯；二是复用率低，技术内容管理不当，会造成极大的浪费，而内容的高复用能够大大提升内容的利用率。因此，技术文档的内容管理极为重要。

3.2.1 如何开发有价值的技术内容

要想让内容发挥价值，就应该将内容当作产品来考虑。设计应该分为两步：一是理解用户的期望、需要、动机，以及业务、技术和行业上的需求和限制；二是将这些已知的信息转化为对产品的规划，使产品的形式、内容和行为变得有用、能用，在经济和技术上具有可行性。产品和服务的研发与设计，一定是经过充分考虑的，综合了对用户的研究、对技术的应用、对成本的控制和对资源的复用等方面。内容的设计也应该如此。

内容是产品和服务的一部分，其本身也是产品和服务。内容设计应该考虑用户的期待，例如，他们需要什么内容，他们为什么需要这些内容，他们的目标是什么，并以此为前提创建、规划内容，使用户在最能接受的媒介和形式下进行内容传递，并最大限度地帮助用户解决问题。以设计产品的思路来设计技术内容，再以端到端的产品管理思路来管理内容，就能事半功倍。而技术文档工程师也因此有了更广阔的视野，从内容编辑者，转变成为有战略思维的内容设计师。

那么，如何以设计产品的思路来设计技术内容呢？

（1）考虑用户的问题，使技术内容可用

用户的问题就是最有价值的技术内容，用户都问了什么问题，文档能提供什么内容来解决这个问题，就是文档最大的价值。技术文档工程师要了解用户在了解、购买、使用产品和服务的过程中，需要知道哪些信息，存在什么问题，这样所设计的内容才能及时、准确、适宜地直击用户的问题。

Burton 的调查表明，42%的客户认为，如果产品的文档不好，产品的质量也不会高，因为"如果一件事没做好，其他事也不会做好"。而 44%的客户表示，文档不完整、信息不准确等问题存在时，他们会没有信心使用产品。69%的客户表示，说明书等文档比较差，说明该公司或组织根本不关心用户。另有 36%的用户会为此感到非常生气。

（2）要设计可复用的技术内容

对于产品和服务的描述信息，技术内容无需较多美化，这使得在不同的内容交付件中的描述信息都可以复用。如产品的特性说明表格、标注尺寸的图等，都应该是可复用的，而非分别在不同的部门多次创建。

技术内容除了在不同类型的内容中复用，也应在不同的发布渠道进行复用。同样的内容，不应该给印刷创建一版，给网页创建一版，给移动端再创建一版。不同格式之间的拷贝会耗费大量的人力和时间，还容易出错。复用内容能大量节省内容创建、管理和发布的成本。企业越大，节省得越多。

（3）要创建简洁的技术内容，在结构、风格、语言的选择上应具有一致性

技术内容一定是可预测的，最小惊讶（No Surprise）原则是最佳的策略。同一类型内容的结构应该一致，结构一致的内容能够带给用户正规感、安全感。要想真正做到一致性，必须有标准可依，如同义词的选择、句子的长短、对术语的解释等，无论在何种类型的内容中都应该是一致的。创建或遵循科学的风格指南是有效的途径。

（4）技术内容应易于管理

管理技术内容指将不同的内容分类，存放在不同的位置。分类要清晰，位置存放要合理，常用的内容存放在最容易获取的地方，即分类、存储、摆放都要有依据。此外，还要设计内容本身，易于管理的内容一定是整齐的、规范的、功能定义清晰的、大小合理的。

（5）技术内容需要多渠道发布

技术内容呼应用户需求，还要能传输给用户。网络时代的用户有了更多的选择，技术内容可以发布在官网上，可以是购物网站的详情页，可以是嵌入软件中的帮助信息，也可以是公司客户服务对客户的标准化答案说明。技术文档工程师应尽量考虑用户的使用习惯，让信息以最高效的方式传递出去。

3.2.2 技术内容和市场推广类内容对比

技术写作创建的成果物是技术内容。技术内容就是解释说明和指导类的内容，讲究高效的沟通。技术写作的本质就是对解释说明和指导性内容的写作。

同一产品产生的内容有不同的种类，如技术内容和市场推广类内容。

（1）功能不同

技术内容通常直接提供信息，如参数说明、服务流程说明、产品及服务的使用指南等。市场推广类的内容通常用来树立品牌的形象、宣传产品的特点，其最终目标是为了说服消费者来购买产品和服务。

（2）表达方式不同

技术写作通常使用客观的表达方式，强调使用具体和平实的语言；写作风格上注重直接和实用，重点在于精确和清晰的说明，而不是优雅和华丽的辞藻。技术文档工程师只会在对理解有帮助的情况下才会使用一些象征性的修辞手法。市场推广内容讲究创意，通常更加抽象。

（3）作者对内容的影响不同

技术写作要求作者严格按照规定的标准来写，用风格指南和内容管理系统（CMS）进行约束。技术内容的作者通常对内容没有很大的影响力，不需要有过多的自我立场和想法，但需要深入了解写作主题。市场推广类内容的作者要有很好的创意，追求形式多变，会讲故事，能够引起消费者的共鸣。

（4）评价标准的不同

技术内容首先关注可用性，在可用的基础上，再去考察诸如易读、易获取等因素。市场推广内容的重点在于能否直击消费者的痛点、引起消费者注意，产生共鸣，促进购买率。

（5）渠道不同

技术内容的发布渠道相对较少，通常是随着产品配发的纸质内容或电子内容，或放在官网上。市场推广内容渠道更宽泛，有付费的渠道、自有渠道等。

（6）读者的范围不同

技术内容面对的用户是有特定需求的一类群体。由于不同用户的需求不尽相同，对技术内容的需求也有所区别。而无论是不是产品和服务的用户都可能会读到市场推广类的内容。

（7）整个用户使用内容的阶段略有不同

技术内容大部分在售后，而市场推广类内容的产生、传递和使用都在售前。尽管如此，技术内容和市场内容并不能简单地割裂开来。技术内容是市场推广类内容的依据，为市场推广类内容提供了可靠的基础。从更高的层面看，技术内容和市场推广类内容的总体目标没有本质上的区别，都是为了传递信息、服务用户、销售产品，只是分工不同而已。

3.2.3 基于有效沟通的技术内容

将技术内容的质量聚焦在高效的使用和沟通上，这是设计出可用技术文档最有效的办法。

基于有效沟通的技术内容，有以下五个特征：

（1）技术内容基于事实

如果技术文档中对某些产品的参数或者性能进行夸大，会影响用户感受，损害公司的信誉，甚至引起商业纠纷或法律诉讼。技术内容没有过多的修辞手段，也不需要用反问句来加强语气，它是直白的、有针对性的，有时甚至会比较机械。

（2）技术内容是简洁的，高信噪比的

技术写作追求用最少的内容传递信息，追求内容的高信噪比，减少不必要的噪声。由于使用场景常常是解决即时问题，或是帮助用户做出采购决定，技术文档必须简洁，用少量的字表达完整的信息。信息的可读性、可查找性、可理解性，都是技术写作需要关注的重点。

（3）技术写作面向特定读者，受使用场景的影响

分析读者（用户），是技术写作流程中重要的环节。读者需要什么内容，他们的内容使用习惯、教育背景、习惯的语言风格等都是技术写作需要考虑的事情。由于安装人员、使用人员和维修人员通常不是同一类人，如果技术文档不按用户分类，而是将包括安装、使用、维修等所有的内容都放在这个手册中，那么这样一个齐全的手册，就会造成一定程度的信息过载。而最适宜的做法是分成三个不同的手册，根据不同的用户目标来确定他们需要的内容有哪些，并且根据用户的背景来确定内容的写作方式。

（4）技术内容是可以"消失"的内容

在企业和组织中，技术内容是为了实现产品和服务的功效，过多太过细致的技术内容对用户是一种累赘。通常情况下，用户得到相关信息或完成任务之后，这部分内容的使命就完成了，用户不需要再看手册。

（5）追求标准化

技术写作追求更多的是一致，而不是追求写作的个性，是一种不需要悬念、噱头的写作。同一个组织的内容，应该有一样的风格，对同一个功能、名称应该有同一种说法。无论是结构还是内容，都需要标准化。技术写作也涉及术语管理，很多企业有风格指南，规定了对语言选择、内容描述以及展示风格的倾向性。标准化也有助于提升创建技术内容的规范性和效率。

3.3 结构化写作与非结构化写作

结构，即结合与构造，指的是具体的物体、抽象的内容等不同组成部分之间的关系，或称结构模块（Building Block）之间的关系。按照一定形式搭建结构模块，就形成了一个个整体，结构化让世界变得清晰整洁。分类是人类认识世界的一种方式，面临大量信息时，人的大脑会自动开始分类。大量未分类的信息放在一起，人们会觉得自己被信息淹没，造成认知混乱。以结构化的思路进行写作，文档的每一部分都紧密联系，形成一个整体，读者的认知就会变得清晰。

3.3.1 结构化写作的定义

结构化的过程就是将杂乱的事物变为有秩序的过程，在这个过程中明确是什么（定义）、有什么（组织）、放在哪（分类和整理）的问题。结构化写作是指对内容进行定义、组织、分类和整理的过程。

结构化写作通常对内容的各方面都有严格规定。结构化写作的初级表现，可以理解为基于"模板"的写作。当然，模板本身也要经过精心的结构设计与定义才能完成结构化写作的任务，并非所有的模板都能称之为结构化模板。

通常来说，对于一大段文本，根据其内容的不同含义进行切割分类，就是对内容结构化的过程。结构化写作是将大量的内容进行模块化、语义化、关联化，并标准化的过程，是一个标准化的内容创建方法论。内容量越大，结构化就越有效。

结构化写作设计的本质是逻辑和常识，它将零散的信息、数据、内容等用一种框架联系起来，设计出一个能够被用户理解的内容模块。

3.3.2 结构化写作和非结构化写作的不同点

对于大多数未来的技术文档工程师来说，他们所熟悉的写作有创意写作、文案写作、商务写作和科学写作等写作类型，这些都是传统的非结构化写作。他们在思想和技术上过渡到技术写作还需要补充一定的知识，增加一定的实践和经验。总的来说，结构化写作和非结构化写作有以下六点不同。

（1）叙述方式不同

传统的非结构化的写作，使用自由流动的叙述形式，比如标题后面就是段落、图片等。这些内容都是自然流动的、随意的，非结构化写作通过简单的写作训练就能完成。这种写作常常会将基于不同目的、不同类型的内容包含在一起。

以结构化写作的思路去处理，人们看到的不再是一个文档，而是文档中的各个模块；管理的层级也不再是管理文档，而是更加细化管理的文档中的内容模板。要使内容结构化，技术作者首先需要将技术内容和技术文档的概念区分开。技术文档可以是组织中任何一种技术类型的文档，比如说操作手册、软件部署说明等。而结构化的内容单元是在不同的语境、文档类型和发布媒介中可重用的、独立的、更小的内容单元,有语义标记和元数据来表明它的潜在用途。比如说,"产品参数"这个内容可以出现在用户手册、市场宣传册、销售资料和培训文档等多种类型的文档中。

技术作者通常不能也不需要去改变技术文档的结构,结构化的写作环境会指导作者将特定的内容添加到特定的位置,技术作者可以将精力放在内容的写作上。整个写作过程由于已经有了严格的结构的标准,技术作者只需要做填空题即可,内容的结构定义会表明文档必须包含某几个方面,写作步骤就必须表示为循序渐进(step by step)的有序列表形式。

(2)内容复用便捷度不同

传统的非结构化写作针对线性阅读,其产生的内容由于对上下文的依赖和对阅读顺序的要求,使其很难进行复用。而结构化写作的内容模块,可以自由组合,发布成不同的文档。

(3)预设的阅读顺序不同

非结构化的写作通常还预设了一个既定的阅读顺序,强调上下文的关联,比如时间顺序或因果关系等,一件事的发生是由另一件事引起的,下一部分是依赖于上一部分存在的。由于上下文的依赖关系,用户要理解某一段文字的内容,可能要阅读前面的文字,这时,阅读的顺序就很重要。同时,对读者的阅读量和难度要求就更高一些,对作者的要求也更高。阅读这一类的内容,为了连贯性,就不能跳着读。有的教材也是线性的结构,编写的时候需要考虑学习者的接受顺序,体现出循序渐进、由浅入深的过程。传统的阅读也是单向线性的,出版物承载的文字、图像都是既定的,是依照编者或作者的意愿串联的,读者必须以出版机构提供内容文本的排列,从前到后、从上到下按照线索阅读,这种阅读的特征是稳定性强,阅读心理稳定,思索指向也稳定,有研究者把它定义为"线性阅读"。

然而,从阅读的习惯来看,如今的读者已经不再采用传统的阅读方式。数字时代的阅读通常是非线性的阅读,用户的关注时间越来越短,只想看他们关注的信息。这意味信息之间的互相依赖需要在降低,读者可以直接从中间开始看一段需要的信息后,再跳到另一段。一些在线信息的结构,就可以是非线性的。这样做能够提升阅读的效率。对于技术内容,读者通常也不会从头读到尾,而是希望快速定位,直接查找到自己需要的信息。读者会查看目录,甚至是以图片来搜索和定位,不会去看其他信息。而非结构化的内容对于读者来说,查找和定位会有一定的困难。如果信息是被隐藏起来的,或者结构是隐性而非显性的,读者就很难迅速找到。

针对这种非线性的阅读方式,进行结构化写作非常适合。作者可以创建单独的、内容完整的内容模块,无论进行单独阅读还是放在整个文档中按照顺序阅读都能产生不错的效果。

（4）写作的对象不同

结构化写作的对象是内容的结构模块，而不再是整篇文档，然后可将这些内容模块"组装"成一个个发布物，而发布物通常就是文档。

结构化写作的对象是内容模块。编写者就要研究用户的需求，根据用户的需求确定完成这个任务的内容。内容模块是由内容元素组成的，内容元素之间基于逻辑和常识相关联，不符合逻辑和常识的内容结构会影响阅读理解。

结构化写作的功力在写作之外。传统意义上的写作，写作的功力是指对词语应用的水平，表意清晰的能力。但是对结构化写作来说，更大的精力应该花在对内容结构的设计上。

（5）与技术内容关系不同

非结构化写作把追求个性、创意与艺术感作为重点，而结构化写作追求简洁高效。在实践中，结构化写作是指对技术内容模块进行合理的、符合逻辑的分类和定义，并以特定的标准、规则、流程，针对内容模块进行写作的过程。使用这种方法，能够提高技术内容管理的整体效率，更好地发挥内容的效能和价值。

进行技术写作的时候，需要采用结构化的思维方式，根据用户的需求确定内容的取舍。下一步将内容进行组合或分解成多个互相关联的组成部分，并对各个部分进行定义，各组成部分间应有明确的层次结构。由于技术内容的特点，其内容结构可以划分得非常整齐。通过现代科技手段，可以通过数据库对结构化的内容模块进行存储、查找、管理和维护。创建结构化的内容通常在对结构有强制要求的环境下进行，这样可以保证同一个公司或者组织的同类型文档无论是结构、功能还是写作风格的一致性。

在企业面对大量内容的情况下，结构化写作的实践除了要定义结构，还要将结构进行标准化，形成范式，并关注内容的复用。

综上，和非结构化写作相比，结构化写作内容的创建通常是为了满足特定用户（读者）的需求；功夫花在前期的结构规划，具体的写作过程是"填空"的过程，较为方便；是基于标准化的写作，同样的内容类型都有同样的定义、目标和内部结构；写作对象是内容模块，可将大段文字切割成内容模块，而非从头到尾写一个文档；有严格的写作约束，作者在内容的创建、定义、结构和属性等任何方面都需要遵守一定的规则。

3.3.3 结构化写作的价值

结构化写作在技术文档开发中占据核心地位。采用结构化写作可以为企业、产品和文档工程师本身带来巨大价值，达成一种"三赢"的状态。

（1）结构化写作能高效创建和传递信息

针对技术内容来说，写作的结构和风格通常是"固定"的、"一致"的，而不是出于创意。技术内容最重要的价值是传递具体的信息、解决问题。采用结构化写作的思路能够帮助内容创建者确定内容，在合适的时间传递给合适的读者。

结构化写作解决的是内容的创建者和内容用户双方的问题，结构化写作可以帮助作者在最短的时间写出简明扼要、思路清晰的文档，能够有效地改善作者思考问题和解决问题的思路，结构化写作也能够帮助用户用最短的时间定位其所需要的内容。

结构化写作的高效率在一些场景中体现得尤为明显，例如：当需要高效率的沟通时；当需要管理大量信息时；当多人协作，内容可能被交换或整合时；当内容需要被复用时；当内容不需要过多创意时。

（2）结构化写作提升沟通效率

首先，结构化写作可以提升作者（内容的创建者）的写作效率。根据结构去填写内容，就等同于事先有了写作的大纲，作者知道如何去写作。创作的内容可以根据结构的定义去创建，不需要再花费大量的时间去考虑某个类型的发布物应该包含哪些内容模块。内容从一开始就有了一致性的保证，同时容易发现内容复用的潜力，从而提升整个组织的效率。

结构化内容模块和更小内容片断进行自由组合能够让作者根据不同的用户和使用场景重新组合成新的内容。结构化写作要求对内容的结构有严格的定义，并且在整体上对内容有所管控，它使得复用和管理内容都变得非常容易。采用结构化写作，能够增强内容的一致性，能够减少非结构化写作带来的较大的编写和质量评估的工作量，从而也减少了在评审和调整格式上的重复劳动。

其次，结构化写作能提升读者（内容的使用者）的阅读效率。一致的结构能够帮助用户去理解内容，用户知道到哪里找自己需要的内容。结构化的内容允许用户跳着读，符合现在非线性阅读的需求。用户不用费多大力气就能找到自己所需的信息。由于容易理解，浏览也变得更高效。结构化的内容能够使整个内容更加清晰、易读、符合逻辑。

预测性的来源基于经验的积累，能够让人对自己所做的事情更加自信，并能获得更好的体验，例如"熟路效应"。未知总是让人困惑和恐惧。结构化的内容提供了一种可以预测的信息。也就是说，结构化的内容不需要读者过多地思考一个信息集合中需要包含哪些信息。

一致的结构也能帮助用户进行快速理解。一个符合逻辑的、一致的预测结构设计出来的内容，能减少用户的困惑。当用户知道接下来要发生什么的时候，就会感到舒服、无压力，并且能更好地理解信息。

再次，结构化写作能提升企业和组织的整体效率。一个同类型的文档结构会因作者的不同而不同，根据创建部门的不同而不同。甚至同一个作者，不同时间段写的同类型文档的内容也会有变化。如果这些文档之间有联系（如同类电脑型号的不同配置的说明书），需要复用内容，效率就很低了。或者说原本是可以互相联系和复用的内容，却因为没有一个相同的结构而导致资源浪费。例如，一个软件的需求文档，应该包含哪些内容，这些内容的顺序和组织都应该是一致的。结构化内容更容易被复用，这也提升了整个企业和组织的效率。

（3）结构化写作提高内容质量

获取内容和传递信息的过程中，主观的因素会产生巨大的影响，所以无论使用什么方式和维度来评估写作的质量，都会存在不同的意见。可能很多人会觉得某个文档写得很差，但是对于好与更好之间，见仁见智。有人提出结构化的写作影响了文字的艺术感，过于强调结构使得文字看上去机械、枯燥，也许这种观点有一定的道理，结构化写作在一定程度上确实是会对作者的创作有所束缚。

写作应该是科学逻辑和艺术美感的结合，有时候结构化也会增加美感。遵循一个已经被广泛接受的结构模式的内容，除了能够提升人们沟通交流的效率，也能够极大地增进文档的一致性和整体质量，避免写出杂乱无章的内容。

此外，技术写作通常是在工程和科技的领域，和其他工程类的任何工作一样，作者也可以利用结构和范式来设计内容质量标准。在技术写作领域，结构化写作应用得好可以极大地提升内容的完整性、正确性和一致性，使内容更加容易被理解。例如，如果在结构定义中规定，会议纪要必须包含行动计划，在写作会议纪要的时候就不会忘记填写这一部分。完整、正确、一致和可理解都是高质量的内容不可或缺的评价标准。

如果没有技术手段的协助，结构化写作对于文档质量的提升作用就会比较有限。不过，就算对写作技术非常精通，如果对领域知识了解得不够，对需求不清楚，也不知道用户是谁，还是有可能写出质量很差的文档。然而对于追求信息传递效率的技术写作来说，结构化写作无疑是最适合的方式。至少可以把省下来的时间花在对内容的评审上。

（4）结构化写作使复用成为可能

对于任何公司或组织来说，用在技术写作上的投入都是昂贵的，从了解需要写作的主题，到研究用户与受众，再到着手写作，最后评审与发布，其中每一步都需要花费大量的时间和精力。若是创建出来的内容无法得到合理利用，这部分的付出就可能是徒劳。复用能减少不必要的劳动，也能最大程度地提高内容的一致性。

同一个公司的产品都有一定的共性。尤其是软件产品，都是模块化设计开发的。一个结构良好的内容，可以对内容进行合理的分割，能够更好地在不同的产品之间使用。针对不同的读者给出合适的复用内容，甚至能把内容发布成不同的样式。复用和结构化的写作是密不可分的，复用要求将内容结构化。

　　基于 XML 的结构化写作可以把结构与内容分离。这意味着创建一次独立于格式的内容之后，可以针对不同的发布媒介生成不同格式的文档。这样就不需要去关心内容的字体、边距等，而是用语义标签来表示内容是什么，还可以根据需求，将内容发布到不同的媒介。

　　（5）结构化写作助力本地化翻译

　　在产品的本地化过程中，产品的界面和技术内容的本地化翻译非常重要，也占据了整个本地化工作中最大的工作量。对于任何面向国际市场的企业来说，翻译的费用都是非常昂贵的。考虑产品的全球同步发布，建立一个从技术内容的产生、创建，到多语言翻译的端到端的全流程体系非常必要。结构良好的技术内容能够大量地减少本地化翻译的费用。

　　结构化写作能在整体上对翻译本地化工作有所助力。首先，提高本地化翻译的复用率。一方面，结构化可复用的内容的翻译也是可以复用的，从而减少了重复翻译的成本。另一方面，基于对内容的严格管理，组织可以清楚知道哪些内容是不可复用的，哪些内容模块升级了，哪些内容模块有变化，从而只需要翻译变化的内容即可。如果有一个结构化的内容管理系统，能够进行内容模块的版本管理，能轻易对比出不同的内容版本的区别，只需要翻译更新的那几句话即可。其次，把握结构化写作简洁明了的原则，减少内容模块中冗余的文字。把握结构化写作的精简原则，减少翻译的工作量，从而减少产品本地化的费用。再次，结构化写作能提升翻译的效率。结构化的技术写作基于内容模块，在更新时可以逐个完成，将完成的内容模块拿去翻译，而不是把通篇文档发给翻译。写完一个内容模块就导入一个，这样整个创作过程更加紧凑，不必等后期的写作工作全部完成，提升了整体的效率，又能在内容模块的层级上对翻译质量进行管控。

3.4 结构化写作模式

　　如前所述，结构化写作是一种创作和组织内容的方式，它的基本思想是根据预定义的规则来撰写模块化的内容，并且可以对内容模块进行多种方式的组织和重用。因为模块化和结构可继承的特点，采用结构化写作获得的好处是保持内容的一致性，并且撰写的内容可最大程度被复用，实现一次写作多种交付。通常意义上的结构化写作是通过可扩展标记语言（XML）实现的。

3.4.1 内容结构的设计

　　结构化写作的第一步，是进行内容结构的设计。在内容结构的设计中，对文档工程师个体和企业整体都有要求。

　　结构化写作要求文档工程师转换思路和"看"到结构。这两点正是大部分语言背景学习者所欠缺的。

第一，转换思路。写作常规文档时，作者常常只会聚焦在最终的那个 Word 或 PDF 的发布物上，这个时候作者的思路会被最终的样式限制住。我们身边的大部分人，将写作等同于文档，将文档等同于 Word。而进行结构化写作时，需要看到文档内容的逻辑和框架，也就是结构。写作的对象是一个个内容模块，这些内容模块可以出现在任何形式的发布成果物中，这些内容模块在什么地方、以何种形式发布是提前规划好了的。比如产品参数表这个内容模块，可能出现在公司官网的产品详情页介绍中，也可能出现在印刷的宣传册中，还可能出现在产品的说明书里。结构化写作的对象并不是文档，而是内容，而文档只是内容的载体。

第二，"看"到结构。在具体进行结构化写作之前，文档工程师需要将自己的思路进行扩展。不要在意最后是否有几百页文档发布，更不要以此来评估和衡量工作成果，而是要关注内容本身：内容是否出现在了合适的地方，是否得到了最大程度的使用和复用，用户是否愿意去阅读，内容是否真的为用户解决了问题，是否给产品和服务带来了好处。

同时，要具有去"看"到结构的意识。不要只看到载体和样式，而是关注传递的内容，要能够看到它们的逻辑结构，再去判断这个结构是否合理。此外，要从"为什么"这三个字出发，思考内容模块为什么存在、为什么这样设计……只有这样才能有的放矢，真正为用户提供解决问题的方案。再者，要有从结构入手的习惯，在结构设计的基础上进行内容的创建，在已有的、经过充分验证的基础上进行内容的填充。等到结构确定下来，创建内容就变得很容易了。

3.4.2 深化对技术内容的认识

结构化写作要求整个组织应深化对技术内容的认识。每个企业和组织的文化都不相同，但成功的公司，一定会把精力放在良好的客户服务上，并且会非常在意产品和品牌的声誉。

在组织中，技术内容不能只关注文档，甚至不能只关注内容，要理解公司的商业目标，必须在商业目标的基础上去谈技术内容的使命和价值，要明白技术内容到底能为企业做什么，技术内容在企业到底有多大的价值。

很少有项目能在缺少多方支持的情况下取得成功。得到各方的支持并不容易，但是也比想象的要简单。有很多技术文档工程师抱怨技术内容得不到关注，这中间最大的问题可能在于文档工程师并没有站在不同部门和不同岗位的角度去考虑问题，例如，研发部门希望产品的客户满意度更高，服务部门希望减少简单的问题带来的电话和工单，市场部门希望有内容作为依据来支撑他们的广告内容、新闻邮件（Newsletter）和公共关系（Public Relations，PR）等；管理者可能会关心技术内容从创建到发布，再到维护的流程是怎样的，这个流程中是否造成了浪费，或者说投资回报率（ROI）是怎样的。

此外，公司中有很多部门的人也会有意或无意地创建技术内容，文档工程师要善于跟他们分享观点，让他们能够认同自己的想法，深化对技术内容的认识。

大部分情况下，大多数人不是没有发现问题，而是还不知道原来很多问题可以通过高效的技术传播来解决。文档工程师可以告诉他们，技术内容能为他们做什么，能以怎么样的方式提供他们需要的信息。

3.4.3　内容结构化设计的基本步骤

设计内容结构的时候，文档工程师到底在设计什么呢？先定义不同的阶段、不同的层级。设计内容的结构要求研究和记录不同的内容发布物类型，其包含的内容模块，每个内容模块包含的元素等，并进行标准化，运用输出复用的策略。在结构和样式之间还需要取得平衡，结构化写作包含很多规则和标准，在这个过程中还要把这些规则和标准制定出来。

（1）内容体系

建立系统性的思维和宏观的框架很重要，文档工程师不只是要设计一个文档或者内容模块的结构，而是要对整体的、大的、更高层级的内容体系框架进行设计。设计这个框架，需要将眼界和思路放得越宽越好。很多技术文档工程师的问题在于埋头苦干，无法看到更高层面的内容，看不到整体的内容框架，只看到自己写的那一个文档，或者是一个内容模块。若是没有设计和规划整体的内容框架，会导致内容类型缺失，重复劳动，整个公司的内容工作就会变得无序，造成大量的资源浪费，达不到很好的效果。

内容体系是由不同类型的文档组成的。有些时候，不是从无到有创建一个内容的体系，而是发现或者梳理出一个体系，再将其调整成最适合企业所提供的产品和服务的内容体系。

需要注意的是，在设计内容体系时，不要把技术内容和市场内容完全分割，而要形成一个整体。在很多行业，技术内容和市场内容往往互相依赖，用以满足用户在不同的阶段对企业产品和服务的认知需求。另外，设计体系切忌简单相加或排列组合，而应从系统的、整体的角度加以审视和规划。

（2）文档类型

文档类型是指在某个特定的阶段对特定的用户提供一组完整的技术信息或者协助完成任务的一个内容发布物。内容体系的规划，就是规划企业层面、产品线层面，以及单个产品层面需要哪些文档类型（这里文档不等同于 Word，而是一个内容模块的集合）。

在结构化写作的思路指导下，单个的文档由内容模块组成。设计文档的时候，最重要的是设计出其包含哪些内容模块。例如，一本《快速维护指南》可能包含产品维护功能的各个内容模块，还包含免责声明。

（3）内容模块

文档是由一个个内容模块组成的，内容模块的设计是结构化写作设计的重点。内容模块是指一个独立的内容单元，由一组内容元素组成，这个单元可以和其他单元一起组成内容的交付物（文档）。由于内容模块被定义为有意义的内容单元，其大小很可能不一致。比如一个警告信息是一个内容模块，一个法律声明是一个内容模块，一个产品名称可能也是一个内容模块。但是再细化到一句操作前准备，可能就不是一个内容模块了，因为它单独存在并不产生什么意义，而是要和操作结合在一起才行。

一个单词或者短语通常也不是内容模块。如何划分内容模块，要结合产品的性能和功能与用户的需求，再根据复用的需求进行。在使用 DITA 写作的环境中，一个内容模块就是一个主题（Topic），一个主题可以单独拿出来发布成一个文档。

内容模块设计得好，就可以轻松地将内容模块组合发布成我们需要的任何一个文档。内容模块的划分通常是从"管理视图"开始的，再从"用户视图"进行筛选和组合。一个内容模块应基于项目和用户需求，比如发布产品项目，要根据用户需求，针对这个产品的功能和特性进行整体的规划。

需要注意的是，一个文档中常常会出现的某个内容模块拿出来就可以单独成为一个文档的情况，比如"解决方案"中的"产品介绍"模块，拿出来就会成为一个单独"产品介绍"的文档。这对内容模块的设计并没有很大影响。

（4）内容元素

内容模块中包含内容元素，它是内容最小和最基础的单元，如 XML 或超文本标记语言（Hyper Text Markup Language，HTML）就涉及元素这个词。借助这些计算机技术语言来进行结构化写作是一种常见的做法。

元素就是包含着内容的一个个的壳，这些壳可以通过一个抽象出来的语义来定义一个小的内容片断。元素可以是显性的，也可以是隐性的，很多时候我们能看到元素的存在，比如菜谱里的"配料"是个标题，也可以是个内容元素。只是元素更加抽象，比如元素会告诉我们某个内容是个步骤，但是不会告诉我们这个内容是干什么的步骤。

内容元素的存在，有助于设计内容模块时搭建内部结构。比如一个内容模块叫作"配料"，那么在配料这个模块中，就可以包含"主料""辅料"，在主料和辅料中还需要包含"名称"和"分量"。

根据内容模块的大小不同，内容元素的大小也有区别。内容元素可以是一个产品名称，可以是一张图片，可以是一个示例，可以是一个注意事项。通常情况下，内容模块独立出现就能产生意义，而内容元素脱离上下文的时候，就不产生意义，或者说即使产生了意义也是模糊的、不明确的，是"断章取义"。

如果使用标记语言创建内容，除了可以对内容模块、内容元素的语义结构进行定义，还能对样式进行定义，比如一些产品参数项的内容最好用列表项进行展示，那么可以规定使用列表项的元素的样式。

（5）层级与关系

设计好内容模块类之后，研究这些材料之间的关系。内容体系包含文档类型，文档类型包含内容模块，模块由元素组成。除了这些包含关系之外，材料之间的关系还有前后顺序、参照关系、复用关系等。从这个角度看，整个结构化写作不过是做了两件事：确定有什么内容和确定它们的关系。

Markel 将内容的组织模式分为八种。其中，结构化写作常见的、常用的有六种，这六种组织模式以逻辑和常识为依据。

①时序型：按照时间顺序进行组织。大部分的内容是以这种方式进行组织的，比如介绍一个流程、步骤，一般是按照时间顺序。有时候也会将最新的放在前面，比如简历里的教育经历等。

②空序型：按照空间从左到右或从右到左进行组织。通常在介绍一个产品的部件或构造的时候，会从左到右、从上到下地进行描述。

③重要—不重要：要事第一，在进行技术写作的时候，不需要引起用户的悬念，不需要给他们惊喜，所以会开门见山，先介绍最重要的，再逐步展开介绍。无论是写一个段落还是整个文档，都需要注意将重要的内容放在前面。

④整体—部分 / 一般—特殊：在介绍一个系统时，先介绍系统本身，再介绍其组件。先讲一个通用的整体信息，再对具体的信息进行详述。有时候也会先介绍整体的流程，再针对每个任务进行详细地说明。

⑤问题—答案：先描述问题，再描述解决问题的方法。比如，故障处理的内容，会先详细地描述问题，再对如何处理这个故障进行详细说明。

⑥因果：技术写作常常涉及因果逻辑。比如做了某个操作会产生什么后果，或者出现某个问题是什么原因。

能够把问题讲清楚，符合以上这些基本逻辑，就能写出一个质量不错的文档了。

3.4.4 设计有效的技术内容

设计好结构之后，接下来就是设计有效的技术内容。有效的技术文档是建立在有效的技术内容之上的。技术文档工程师应明白设计有效的技术内容意味着以下几个方面。

（1）结构化写作是以用户为中心的写作

读者就是内容的用户和消费者。技术写作的目的是要建立与用户进行沟通的桥梁，因此有必要对用户体验进行研究。

用户体验贯穿着整个产品的生命周期，在这个周期中需要技术内容的支撑，通过内容与用户进行反复的沟通交流，提供他们需要的信息，帮助用户完成任务。这部分内容不仅有市场类的内容，也有技术类的内容。如果用户由于了解不到信息，或者了解到错误的信息而放弃购买，都会导致用户对企业失去信任，影响企业的声誉。这样的用户就很难变成企业品牌的拥护者，甚至会引起法律纠纷。另外，结构化写作要求写作者把内容看作一个产品去设计，内容这个产品好不好用，有没有效益，能不能帮助用户，都是写作者的关注点。

用户对技术内容体验好坏的判断，很大一部分出于常识。比如写作要尽量简洁，这已经成了一个常识。再比如，标题的字体要大于正文的字体，这也是符合常识的。但是也要通过用户访谈、调查问卷等方式，更深入地挖掘用户的需求，知道他们的习惯、喜好和需求。技术作者应该跳出内容本身来看待内容，从用户的角度出发，减轻用户学习一个任务需要的阅读量，尽量用读者能懂的内容，给用户提供定制化选择。

技术写作提供的是帮助信息，一方面为劝说用户购买产品和服务提供依据和支撑，另一方面是帮助用户使用产品和服务。

要设计出真正有效的技术内容，在最开始就需要考虑用户与产品交互的每一步，需要针对本公司的产品和服务研究用户需要的内容有哪些。再把技术内容与用户的需求进行一一对应，从而形成一个体系。

用户与产品的交互过程，可分为五个阶段：了解阶段、考虑阶段、转化阶段、忠诚阶段和拥护阶段。在不同的阶段，用户的内容需求也不一样，结构化写作必须考虑这一点。

了解阶段：这个阶段的目标应该是向潜在用户展示产品和服务，介绍产品和服务能做什么、能带来什么价值，展示企业的实力和品牌，增加潜在用户的好感和信任。在这个阶段的用户主要是潜在用户，他们并不会去了解某个产品的价值，也不会去看特别详细的产品规格和服务细则说明。这个阶段需要的内容，通常是比较概括性的，不涉及具体的细节。

考虑阶段：这个阶段的潜在用户已经开始考虑购买产品和服务。他们希望更加了解这个企业或组织，希望知道产品或者服务能否解决他们的问题。潜在用户会有各种各样的内容需求，这时候技术内容就能发挥很大的作用了。此时针对他们的痛点，可以为他们提供具体的内容，比如解决方案。

考虑阶段的潜在用户，可能会去查阅他们感兴趣的产品和服务的功能特点以及细节信息，不仅包括广告或参数说明，还有很多内容产品，如具体的操作视频、用户评价、专家测评等。

转化阶段：经历了前面对产品或服务的"调研"工作，终于到了决定购买的时候，这个阶段主要是潜在用户转向用户的阶段。此时提供的应该是帮助他们进行购买的内容，告诉潜在用户如何购买，在促销信息之外还要给他们一些"确认"信息，促使他们做出购买决定，例如案例、专家测评等，又如操作学习、试用版的产品等。给他们需要的细节，就会使他们决策的过程变得更短。

更深入的技术内容在此时更加有用，比如实用指南、常见问题解答等将为潜在客户做出决定提供更多的细节支持。

忠诚阶段：在忠诚阶段，潜在用户已经变成真实用户，技术内容要提供操作使用的指导、售后服务类内容。消费行为学研究也显示，提供产品的安装和使用说明有利于提升用户满意度，否则很容易出现"购后不满意"现象，甚至导致退货等情况的发生。质量低下的技术内容会引起用户不满，很可能会影响再次购买，甚至会对身边人传递负面信息。

拥护阶段：到了这个阶段，用户已经非常喜欢该产品和服务了，信任该品牌，如果还需要类似的产品和服务，他们不需要再去做对比，就会直接购买。部分用户还会非常乐意将产品和服务推荐给其亲朋好友。如果有传播的渠道，他们会乐意分享自己使用的经历，给出有价值的反馈。

在这个阶段，企业还是要保持跟用户的技术沟通，并鼓励用户生产内容。这类用户产生的技术内容，对潜在用户来说更加"真实可靠"，比企业和机构创建的内容更加令潜在用户信任。在这个阶段产生的技术内容，比单纯地说这个产品多么好更有价值。很多企业会给这些用户建立分享与反馈的机制，如用户论坛等，给予他们一定的激励，鼓励他们进行分享，让客户成为宣传者，而他们也会因此得到其他用户的认可，获得一定的成就感。

通常市场部门会对这五个阶段进行研究，技术作者可以直接借鉴。如果没有相关研究，也可以去试着调查一下用户、潜在购买者，问问他们是如何决定购买某项产品和服务的，在这个过程中，技术内容有没有起到作用，起到了多大的作用。还可以问问公司的销售人员，他们通常对用户非常了解。要想了解用户就要做一些实际的调查取证工作。对于产品的技术内容来说，要考虑的是在五个阶段中技术文档工程师的角色和定位。用户有很多需求是市场类的内容无法满足的，例如，用户被广告或者推广信息所吸引，但是他们很难在简短的广告或新闻邮件中看到产品的功能细节，不能知道产品的详细参数，这时候就需要技术内容。产品的易用性指标，先进性的技术性能也需要技术内容做支撑。

在实际情况中，这些阶段长短不一，有些用户会直接跳过某个阶段。这跟产品的用户介入度有关，比如有些怕麻烦的用户会听到亲友介绍说某产品好就直接购买了，也有用户只对比价格。此外，大部分的用户会在这些阶段中不断选择，使用这些内容通常也不是按照时间顺序。很多潜在用户在了解和考虑阶段也会对使用阶段的内容有需求，他们会去查看产品的使用说明，会去用户论坛看其他用户分享的使用情况，也会关注保修信息。有研究表明，这样的用户占了潜在用户总数的约60%。有的时候，有些软件产品会给用户提供试用的版本，此时用户就需要培训和使用的相关内容了。

需要注意的是，技术内容并非越多越好、越详细越好。互联网时代由于信息的碎片化，导致用户对内容阅读的耐心也越来越低了。有些内容太简单，用户根本就不需要。还有些内容传到网站上，几乎没有浏览量，用户反馈的结果也是不需要这些内容。这些被称为"信息噪声"。

对具有自明性产品的技术内容，要着重介绍性能、功能和免责等方面的内容，而对于安装、使用等方面不需要再花大力气去说明。

随着产品生命周期曲线的变化，一部分内容是可以"消失"的。典型的产品生命周期一般可分为投入期、成长期、饱和期和衰退期四个阶段。在这四个阶段中，用户对产品的熟悉度越来越深，而且随着第一代用户对后来用户的隐性知识传递，用户对内容的需求也越来越少。不断革新的技术需要更多更复杂的内容说明，而一些非常简单的内容确实可以不再出现。技术文档工程师应该根据企业和产品的情况，在不同的产品生命阶段对技术内容的策略进行调整。

（2）结构化写作基于产品和服务

技术内容的结构设计基于产品和服务，贯穿产品的整个生命周期。有人会虚构故事写一本小说，但是没人会凭着想象力写一份服务流程、用户手册、维修说明等。脱离了产品和服务来谈技术写作的重要性显然是不行的。企业有自己的定位和商业目标，技术文档也应为企业的商业目标服务。

面向用户群体，产品成本和收益的不同都可能导致内容的创建管理和提供方式的不同，而这一点是技术作者最容易忽略的，当过分强调技术内容的重要性时，不应忘记技术传播的初衷。产品的定位才是技术内容设计的前提。低成本、高价值的技术内容才能在市场竞技中有立足之地。

目前，不少企业没有充分利用技术写作的价值。很多问题能够通过技术内容的传播解决，却依然在依靠人力解决。实际上，需要技术写作的企业，无论是否重视，都免不了在技术写作上进行投资。如果没有意识到技术写作的价值，这部分的工作就做不好，反而会造成极大的浪费。因此，结构化写作还需要对产品和服务进行研究。

首先，不是所有的产品都需要技术内容。

用户对产品的介入度，与其对信息的搜索行为息息相关。用户购买某些产品是基于信息搜寻进行的决策，比如汽车、电子产品、软件和企业购买的产品等。另外一些产品是根据惯性购买，很少甚至没有搜索信息，比如买蔬菜或服装等。这导致了不同的行业和产品对技术写作的依赖程度不一样，也就是说，根据用户对产品的介入不同，他们对技术内容的需求也不同。介入度高的产品，技术内容的需求高，介入度低的产品，技术内容需求低。

高介入度的产品特点：高介入度的产品市场通常是 to B（to Business，即面向商业客户）和 to E（to Enterprise，即面向企业客户）的，购买决策时间长，有时涉及集体决策，需要的信息支撑就多。企业购买一个软件系统时，对技术内容的需求非常高，购买和使用很多软件的全程更是贯穿着技术写作，比如涉及航空航天领域、重型机械行业、医药行业的软件系统。

高介入度的产品使用风险高，有些产品使用时复杂度高并有潜在风险，通过技术写作的手段来传递信息和解决问题无疑是必要的和高效的。

新的产品，尤其是涉及技术创新较多的产品，介入度会比较高。智能手机刚刚上市时，购买者一定会非常关注各种参数、性能和使用学习情况等，现在随着智能手机的普及，介入度越来越低。

很多消费者在消费行为结束后还常常由于不确定是否做出正确的选择而感到后悔和焦虑。很多公司意识到了这个问题，于是提供大量的产品信息和技术内容来告知消费者，尽量不让消费者失望。许多耐用消费品的营销者，如大宗家电和汽车经销商就会寄一些资料给近期的购买者。

低介入度的产品特点：低介入度的产品市场通常是 to C（to Consumer，即面向消费者）的，如食品或服装等。其使用风险低，价格低廉，产品之间同质化程度高，差异小。一般是"老"产品，产品虽然有一定的高科技，但是人们对其已经非常熟悉了，如智能手机。

这类产品对于技术内容的要求是很少的，甚至可以没有，比如生活消费品类中吃的零食、蔬菜等。

技术写作从业者应该有大局观，要看到行业的领域、产品的定位、企业和组织的整体情况。脱离了产品与服务的领域去谈技术写作，就像脱离了语境来谈语义，很可能会得出错误的结论。

其次，要考虑产品使用的复杂度与信息披露的要求。

规划技术内容与披露信息的程度根据不同的行业领域也有很大的不同。比如药品行业，对于药品成分的列举有明确的法律规定，对服用剂量的标注要非常精确；又如对不良反应的提示必须遵守相关法律法规和国家标准。产品对安全性的要求越高功能越复杂，对技术内容的要求就越高。航空航天领域对安全性要求是非常高的，对技术内容的规定则更加严格。

产品即传播。有一些产品的设计具有自明性。看到一把折叠椅，就能知道或者能琢磨出它的折叠方法。这一类产品对技术内容的要求比较低。

一些针对终端用户的 APP 能传递很多信息，大部分情况下不需要用户手册。但是用户界面本身可能已经运用到了技术写作和信息设计的知识。

再次，了解所在公司产品对技术内容的需求。

华为这样的公司重视技术写作，需要技术写作的专家，而美团外卖这样的互联网公司则不需要。支付宝、淘宝网不需要技术写作，而蚂蚁金服、阿里云，因为要做金融科技就需要。因此，技术文档工程师应了解以下几个方面信息：产品的创新程度如何；产品是否涉及专业技术，这些技术是否容易理解和掌握；产品的安装操作和使用的复杂度如何；产品的安装操作和使用对用户的专业背景要求如何；产品在使用过程中的潜在风险如何；在购买产品过程中用户是否需要花很长时间做决策；产品价格如何。

此外，海外企业和国内企业对技术内容的需求也略有不同。面向海外的企业技术内容需求高，面向国内的企业需求相对低一些。

（3）结构化写作应参考同行竞争对手

当用户习惯了一个领域某种设计时，他们的使用行为就会形成一个范式，这个范式一旦形成，违反这个范式设计就会影响用户体验。这也是为什么人们的智能手机设计都是相似的。除非有技术上的革新，否则同一个技术层面上的不同设计会让人们感到不适。

内容设计也是如此，参考同行业，甚至是不同行业但是市场类型相似的其他企业的内容结构，尤其是那些成功企业或者是国际化的大公司的做法，找到有代表性的同类内容，对比与它们之间的差别，分析优势与劣势并进行超越或改进，这样会达到事半功倍的效果。对文档工程师来说，需要参考这些大厂家的范式、找到约定俗成的结构，因为这些结构和范式早已得到广泛的应用和用户的接受。

即使文档工程师已经设计好了内容，参考其他公司的内容也能用于查漏补缺。所以在设计时，一定要对同行业的企业进行研究，取长补短。如果有行业的楷模，直接参照其现成的内容体系，就能够节省大量的工作。

如果可能的话，获取终端用户对竞争对手的技术内容评价，了解这些公司的技术内容是否能够满足用户的需求。可以到相关行业楷模或竞争对手的官网上去参考他们的技术内容，不过不能完全照搬这些内容，而是应结合自己公司和品牌特点取长补短。因为即便是同行业，产品的差异性也是存在的，用户群体也有一定的差别。

（4）结构化写作和内容管理密不可分

内容的管理过程就是通过内容完成商业目标的过程。在将内容结构化之后，必须妥善管控才能取得最大的功效。

技术内容由于其复用性高，通常是长篇的、结构化的内容，更适合也值得好好地管理。Boiko 指出，内容管理不仅是工具，更多涉及人的因素。有效的内容管理是一套可复用的方法论，用来在前期识别所有内容需求，持续创建结构化的内容以供复用，在该复用内容时，根据需要组合内容来满足不同用户的需求。

将这个定义结合实际情况进行分析，不难发现内容管理的思路有以下几个方面：

内容的管理指的是对内容模块的管理，就是内容模块要放在哪里，如何使用和复用。正如人力管理的时候要考核团队中每个成员的绩效，内容管理也是如此，要考虑如何提高内容的绩效。设计内容结构的重点在于设计出应该有什么，而内容管理的重点在于内容怎么使用、怎么复用才能发挥其最大的效能。

标准（Standard）：结构化的技术写作就是基于标准和规定的写作。所以对于内容的管理必须制定内容的标准。让内容有"纪律"。一方面要考虑将内容各个层级结构实施标准化，从内容体系的标准化，到内容成果物的标准化，到内容元素的标准化；另一方面要考虑内容本身的标准化，虽然不能规定每个字每个词的用法，但是对于术语要有标准，对于内容的风格、语调等也需要有一致的标准。通常在企业中，这种标准化的规定由"风格指南"来进行规范和指导。

绩效（Performance）：首先，内容要确实可用。有了内容管理的思路，就能够联想到整个大局，知道内容是给谁看的，他们的目标是什么，他们什么时候需要内容，产品应是怎样的，技术内容是如何进行指导的。还要能收集用户的反馈，发现哪些内容可能不需要，在资源有限的情况下，哪些内容应该删除，哪些内容应该重点讲述。对于重点讲述的内容，比如一些基础模块，要花更多的时间和精力去创建、测试、验证和传递这部分的内容。这样内容才能真正地发挥价值，利人利己。

其次，内容要能够被复用。有些内容是一次性的，例如促销的宣传文案不可能被复用，但是技术内容很多可以复用。只要一个企业的行业是固定的，产品是有序的、成体系的，其产品是模块化设计的，技术内容就会产生大量的复用。若是技术内容一点复用都没有，要么是产品尚未成体系，要么就是技术作者没有做好这部分的工作，致使内容的绩效过低。能够多次复用的内容，就可以做成基础模块，这时要有研发的思路，将内容模块按照一定的粒度和规范进行"封装"，再在不同的内容交付物中进行调用。

再次，内容要具有可重新规划性。结构良好的内容都是具有可扩展性的，内容模块设计良好的情况下，会非常容易被再次利用。比如一个产品的技术白皮书中的很多内容可以拆出来放到宣传的 PPT 中，用户手册中的内容可以放到培训手册中。重新对内容加以规划能够大大增加内容的价值。内容创建好之后不能置之不理，通过重新规划内容，能够使一个"老"的内容具有新的生命，让更多的用户看到它，也能够提供更多的样式。当然多次利用的内容一定是非常经济的。

企业可以有一个内容模块的列表，这个列表可能产生在设计模块阶段和内容梳理阶段，它能够清晰地展现内容情况。这时候再去横向、纵向地对内容模块进行对比，发掘内容模块复用的潜力。缺少了前期良好的设计和梳理，就很难知道哪些内容值得重新去规划和利用。

内容应该得到跨部门的应用，有时候重新利用仅是因为需要改变格式，而不是主动地去重新利用。

存取（Storage）：内容要合理地归类和存取，否则内容容易由于不合理的堆放而浪费。在对内容归类和存取时，至少要有两个视角，一个是用户视角，一个是管理视角，还要有合适的存取规范。

每个文件都会有一些多出来的信息，这些信息就是元数据，通常叫作文档的属性。元数据包含文档名称、大小、类型、创建时间和作者等信息。元数据用来对文档进行查找和管理。

流程（Workflow）：流程是业务实践的过程，流程制度要管理内容创建与发布、变更、作废的全部过程，也就是说完成一个完整技术内容业务行为的过程。流程管理中需要注意的是，针对每个流程阶段都要明确输入和输出是什么，此外还要有明确的目标，比如想一想写一本说明书，目标是什么，回答了用户的哪些问题，谁会去看，然后根据不同的内容类型确定其在整个产品流程中如何嵌套。

渠道（Channel）：要管理内容的发布渠道。内容写作要有发布渠道，否则内容创建好之后就只能放在那里，传递不出去的内容毫无意义。但是在大部分的企业中，技术内容的传递渠道确实没有得到应有的重视。写了很多，花了大量的时间和精力，但是效能有限。大部分的公司是采用很随意的传递方式，没有整体的渠道规划和发布策略，没有最大程度地发挥技术内容的效能。

互联网加速了人类的信息交流，内容的传递渠道也多种多样。想象一下在过去，人们在使用产品的时候，纸质的手册可能是获取信息的唯一渠道。但是现在很多人在使用产品和服务的过程中遇到问题就会去搜索一下，看看有没有可以参考的信息。

文档工程师应该考虑主动在用户需要的时候精准地推送这些内容，或者是精心设计内容，并让用户在需要时毫不费力就能找到这些技术内容，以此来最大程度地帮助用户，从而减少在技术支持和售后服务上的人力成本。

针对内容的不同类型，需要设计渠道发布计划。比如对于一个发布的内容，需要发布哪些形式，是否需要发布网页版内容，某些内容是否需要发布一个嵌入产品的帮助文档，是否需要印刷成册，印刷成什么规格等。

3.4.5 设计写作大纲

在实际写作之前，还需要进行写作大纲设计。这个阶段即前文所述的架构阶段，主要任务是分析章节划分、内容重用关系、设计写作大纲、组织大纲评审和优化，可为将来的写作阶段做规划和准备。简单的大纲设计见表 3-1。

表 3-1 大纲设计表

File name（文件名）	Document Title（档案标题）	Chapter（章）	Section（节）	Reuse（复用）	Owner（作者）
Safety.doc	Installation Guide（安装指南）	Safety Information（安全声明）		Y	
Install.doc	Installation Guide	Installation（安装）		Y	
...					
Safety	User Guide（用户指南）	Safety Information（安装声明）		Y	
User01	User Guide	Upgrade the Release（升级版本）		N	
User02	User Guide	Initial Configuration（配置引导）		N	
User03	User Guide	Trouble Shooting（疑难解答）		N	
User04	User Guide	Reference（参考信息）		N	

3.4.6 确保产品规格与客户文档规格的一致性

对于非软件类产品，主要是通过技术评审确保规格的一致性。评审中，规格一致性作为检查列表（Checklist）的要求之一。

为了提高信息编写的效率，保持信息的一致性和降低信息生产成本，IBM 公司所支持的结构化信息标准化促进组织（OASIS）提出达尔文信息类型化体系结构（DITA）标准。事实上 DITA 是一个基于 XML 的体系结构，用于发布技术信息。

对于软件产品，若用结构化的 DITA / XML 工具实现技术文档开发，可以通过合理的架构设计，实现产品规格文件与客户文档源文件之间的一一对应关系。例如，把产品的规格清单自动导出为用户手册对应章节的内容，避免产品规格信息与文档信息不同步造成两者不一致的问题。

DITA 定义主题，支持模块化的信息创建方法。DITA 还定义如何将主题组合到文档中的机制，该机制称为"映射"，允许定义主题的层次结构。例如，一本书的映射可产生由章、节和小节组成的层次结构。

如常用的结构化写作的技术标准包括：

DITA：Darwin Information Typing Architecture，是 OASIS 发布的一套关于如何

编写和发布技术信息的国际标准。

DocBook：是一套面向书本的结构化标准，主要用于数字出版领域。

S1000D：是通用的技术出版物国际标准，主要用于航空、航天、军工等领域。

结构化写作中，DITA Topic（主题）是最小的、独立的、可重用的内容单元。

其中，DITA 标准在技术传播领域应用非常广泛，行业上也有很多配套的结构化写作和内容管理工具包。DITA 定义了一种用于设计、写作、出版和管理内容的 XML 架构。基于 DITA 标准以及结构化写作平台，开发的内容一致性高，重用方便，内容和样式分离，能够按照用户的需要同源发布为 PDF、联机帮助、HTML 和其他形式资料交付件。

对每一种 Topic 类型，通过工具化的文档类型（Document Type Definition, DTD）模板定义和控制 Topic 的结构和风格，可以确保每种信息类型的内容结构完整、一致、便于重用和用户理解。

图 3-2 为 DTD 模板示例。文档工程师只需在写作工具中按设计好的模板填写对应内容，再设置好所需要的交付形式即可。

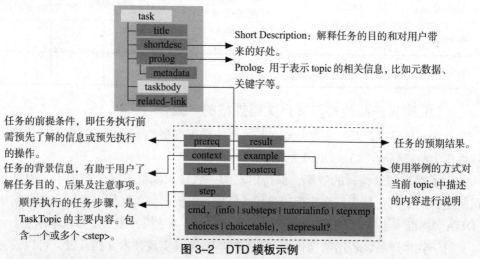

图 3-2 DTD 模板示例

综上所述，结构化写作采用统一的编制标准，提升多人协同写作的一致性，通过条件发布、变量等多种方式进行最大化重用和定制，内容和样式分离，一次写作，多格式发布，内容同源，一处更新，多处同步更新。

关于结构化写作带来的好处，Adobe 公司最新发布的行业调查报告中列出了受访者对结构化写作最重要的收益排序。排在前五位的收益分别是：文档一致性（Document Consistency）、内容易升级 / 维护（Eease of Updating / Maintenance of Content）、内容重用（Content Reuse）、多格式发布（Easier Publishing to Multiple Formats）、内容错误减少（Reduced Content Errors）。

　　本章详细介绍了技术文档开发流程，指出了技术文档开发需要内容管理，并详述了结构化写作模式中的核心思想和要义。语言背景学习者要成为合格的技术文档工程师，就要掌握结构化写作的知识和技能，而他们面临的最大障碍并非来自语言本身，而是来自思维习惯的改变，即结构化思维的形成。

第四章　语言背景学习者的结构化思维训练

技术传播需要从业人员有较高的综合素质和能力。技术传播协会（TEKOM）对技术传播从业人员素质技能要求进行过简单的阐述。其中，综合素质包括语言、分析式思考、表达意愿、人际沟通、团队协作、适应能力、承受批评、承受时间压力、注重细节和技术理解力等。技能则分为每个技术传播从业人员都需要掌握的核心技能和根据具体的行业及角色情况额外需要的专项技能。核心技能包括信息开发、法律规范、研究、信息组织和标准化、专业写作、设计和视觉呈现、图形化表达／图形处理、可用性测试、沟通技巧、使用工具。专项技能包括项目管理、在线文档制作、多媒体文档制作、信息发布、术语、质量管理、多语言／本地化和数据库等。

由以上阐述我们不难发现，技术文档工程师必须具备所有核心技能。语言背景的技术文档工程师尤其要在技术文档开发流程中负责好专业写作这一岗位职能，同时需要兼有在线文档制作、多媒体文档制作、信息发布等文档工程师的专项技能。

专业写作方面的技能包括在技术文档中准确使用语言，通过恰当的风格和准确的用词提升文档的可读性和易懂性，并能对非技术传播专业人员编写的文档进行编辑校正。对于中国的技术传播从业者来说，很多情况下需要同时具备中文和英文的专业写作能力。

4.1　语言背景学习者的思维模式

很多技术文档工程师是语言背景出身，这导致他们对技术很难有深入的理解，甚至存在抵触。然而，要成为一名合格的技术文档工程师，除了对内容设计本身的能力有要求外，还需要有工具的要求。必须适应先进技术的变化，掌握技术写作的新动态。

4.1.1　语言背景学习者的思维模式

在国内，大多数语言背景学习者在高中阶段就学习文科。他们主要是通过想象、直觉和直观形象等方式认识各种规律，其思维方式以形象思维为主，包括形象思维、发散思维、直觉思维和灵感思维等。

而大多数技术背景学习者在高中阶段则学习理科。他们对学习中的各种概念、定理的本质和规律等内容的认识，主要是借助概念、判断和推理的形式进行分析、综合、抽象和概括的思维方式进行的。

我们再来看一下，合格的技术文档工程师应该具备哪些基本素质。

（1）要具备进行结构化思考的能力。

（2）熟练掌握用户分析和研究的能力，把握企业的产品和服务战略，具备产品体系和定位的研究能力。

（3）根据公司的商业目标、用户群体特征，深入了解产品和相关领域知识，制定公司的内容战略。

（4）把握行业动态与领先技术，研究内容管理与信息设计的方法论、行业内容管理动态、业界最佳实践等，并能够在公司内进行合理应用，完成整体的内容平台规划、信息传递渠道规划等。

（5）根据内容战略、商业目标以及用户需求，进行内容架构的设计和资料定义。

（6）主导公司级别内容管理平台的规划、设计与部署，能进行技术内容整体发布渠道的规划。

（7）主导公司级别的内容制度建设以及流程的优化。

（8）能够给出公司统一的产品本地化翻译策略。

从以上基本素质可以看出，成为一名合格的技术文档工程师，大多数情况下需要具有分析、综合、抽象和概括的能力，而这也是前述理科思维的特点，语言背景学习者需要专门对此进行训练。

4.1.2 语言背景学习者的优势

在技术写作领域，技术英语占据半壁江山。大量的技术文档以英语为载体，因此对英语提出了通用而具体的要求。技术写作领域中，久负盛名的写作指南有《芝加哥风格手册》（ *The Chicago Manual of Style* ）和《微软写作风格指南》（ *Microsoft Writing Style Guide* ）。这些写作指南在语态、时态、用词等方面都有着详细的规定，而这些规定恰恰也是语言背景学习者较为熟悉的内容。

大学阶段所学习的其他类型的写作，如创意写作、学术写作、商业写作等，都需要具有严谨的批判性思维能力。写作过程都需要逻辑清晰，用词准确。因此，写作成绩优秀的语言背景学习者，如果经过专门的技术写作学习和培训，较技术背景学习者而言更容易胜任技术写作的职位。

对于技术文档中概念原理类的章节，主要是解释产品的新技术原理，给用户提供背景信息，帮助用户理解完成某些任务要具备哪些前置条件，或者排查故障可能产生的原因。面向专业人员的开发指南、维修手册，需要详细介绍实现的协议和原理。对于消费类的产品，从外部感知的角度介绍概念原理即可，无须将研发细节、内部协议等透露给外部用户，这对语言背景学习者非常友好。

对于技术文档中的操作指导类章节，则以用户的操作任务划分手册的章节。将每个独立任务作为不可拆分最小单元（相当于 Microsoft Word 写作中的一个章节，DITA 写作中的一个 Topic）。每个单元包含如下要素：标题、短描述（任务简介或背景信息）、前置条件、操作步骤、操作结果、后续处理。

其中，标题一般用动宾结构，让用户可以一目了然地辨明章节内容。短描述是对标题的补充说明，或是对整个操作任务的概括，一般在 50 字以内。短描述主要告知用户在什么时间、什么情况下，谁要做哪些操作。用户判断该章节内容是否有自己要找的信息，是否继续往下阅读。若用户执行该操作前，要了解相关的背景信息较多，此类背景信息可单独作为一个概念类章节介绍。任务类章节应提供对应的参考链接。前置条件是用户在执行操作前要确认操作对象应满足哪些情况。操作步骤是指导用户操作的依据，一般任务步骤不超过 9 步，以避免在理解和记忆上给用户增加负担。步骤多于 9 步时，建议拆分为几个大步骤，再适当分解为 3 ~ 5 个小步骤。每个独立动作分一个步骤，描述操作方法、操作完成后的状态或系统显示的信息。对于软件类产品，建议每个操作步骤后提供对应的界面图，以便用户确认当前操作和预期结果是否一致。若要进入下一个任务，可在"后续处理"中提示用户要参考的信息，或链接至关联的其他任务。

4.1.3 语言背景学习者的劣势

结构化的技术写作要求用两个角色参与写作过程，一个是内容架构师，也有企业叫作信息架构师，或信息工程师，另一个是作者。这两个角色可以是同一个人，也可以是一个架构师和多个作者合作的形式。这样的角色划分能够在一定程度上节省企业的成本，提升工作效率。

结构化的技术写作要求内容架构师更早地参与项目，详细掌握用户的内容需求和产品的定位与功能，设计出内容的方案和计划，以及内容模块与产品和项目之间对应的信息矩阵。作者基于上述规划去更新内容。内容结构设计的工作可以只做一次，对于后续产品版本的更新，架构师只需使用自下而上的方法，找到该更新对内容的影响。如果是新增内容模块，找到其在整个内容大类或者文档中的位置即可。语言背景学习者容易胜任作者的岗位，因为他们的专业就是处理文字。然而，成为合格的信息架构师需要有成熟的结构化思维和熟练的结构化写作能力，而这正是目前语言学科和专业的培养方案里所欠缺的。

综上所述，要成为合格的技术文档工程师，语言背景学习者需要在结构化思维方面展开专门的训练，以弥补自己的短板。

4.2 结构化思维训练方法

作为商业领域和管理领域的热门思维方式和思维力，结构化思维的训练方法可谓精彩纷呈。在此推荐一种适合语言背景学习者的训练方法——思维导图法，不需要高深的理论做基础，训练素材也可以在平时教学和学习中信手拈来，甚至可以形成一种思维习惯。

结构化思维从整体思考入手再延展到局部，是一种层级分明的思考模式。简单来说就是借用一些思维框架来辅助思考，将碎片化的信息进行系统化的思考和处理，从而扩大思维的层次，进行更全面地思考。

没有结构化的思维是零散、混乱、无条理的想法集合，而结构化思维是一个有条理、有层次，脉络清晰的思考路径。

考查一个人逻辑能力的强弱，可以关注他的语言表达是否有组织、有框架，想问题时是否有条理，思路是否清晰。

结构化思维可以通过有意识、有计划、有步骤的训练得以提升。

4.2.1　进行自下而上的思考

根据金字塔原理，任何事情都可以归纳出一个中心论点，中心论点可由三至七个论据支撑。每个一级论点可以衍生出其他的分论点。

如图 4-1 所示的思维导图是中心论点在上，论据在下，但是在训练的时候，可以遵循语言背景的学习者原有的发散思维，进行逆序的自下而上的思考。

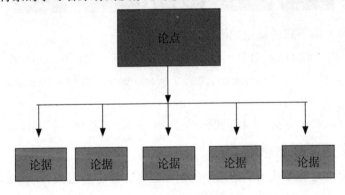

图 4-1　思维导图

具体做法如下：

（1）尽可能列出所有思考的要点。

（2）找出关系，进行分类（找出要点间的逻辑关系，利用 MECE 原则归类分组）。

（3）总结概括要点，提炼观点。

（4）观点补充，完善思路。

如前所述，MECE 原则指的是 "Mutually Exclusive, Collectively Exhaustive"（相互独立，完全穷尽）。这个方法对于语言背景学习者来说并不陌生。他们所熟悉的直接成分分析法（Immediate Constituent），就是采用自上而下、找出成分之间关系的句法分析方法。

4.2.2 进行自上而下的思考

自上而下的思考方式类似中学时老师教的议论文写作方式：开头亮出自己的观点，然后分论点进行阐释，用论点加论据支撑，进行论证，论点之间的关系可以是并列，也可以是层层递进，最后对文章进行总结和升华。

这种方式是非常典型的总分结构化思维的思考方式，先总结后发散。用这种方式思考，有助于形成、整理和构造思维导图，促进大脑自然有序地思考，从而更全面地去分析一个问题。

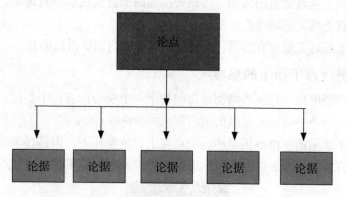

常见的自上而下思考模型如下：

STAR 原则：Situation 背景 / Target 目标 / Action 行动 / Result 结果。

SWOT 分析方法：Strengths 优势 / Weaknesses 劣势 / Opportunities 机会 / Threats 威胁。

常见问题的解决方法：分析问题→找到原因→设置目标→提出解决方案→实施。

4.2.3 掌握流程化思维

流程化思维指的是找出事情发生的内在逻辑，思考的时候可以参照以下的逻辑顺序。

时间顺序：步骤、流程类。

程度顺序：事情的轻重缓急、重要性。

利用思维导图有意识地培养语言背景学习者的结构化思维，不仅是学习者的自觉行为，教师层面也应该有所规划，毕竟无论是英语专业，还是翻译专业的本科生和硕士研究生，基于结构化思维的结构化写作都已成为人才培养的重要组成部分了。

4.3 语言背景学习者的结构化思维训练

在上一节中，笔者介绍了利用常用的思维导图模型，或者利用思维导图意识，去训练结构化思维。事实上，结构化写作本身就是最好的训练结构化思维的方法。结构化写作的练习可以很好地融入结构化思维的训练。

结构化写作的流程一定是结构先行。基于对用户的研究和产品体系的了解，从结构与体系入手，进行内容的填充和复用策略的制定。通常结构设计和写作可以是两个相关但是不同的任务，可以由不同的人完成。如果企业分工足够细，一个结构化技术写作的大概流程可以从内容结构的设计开始。内容结构确定下来之后，进行模块的分发、写作，经过评审后再进行发布。在实际操作中，根据行业、产品等不同，具体的流程也会有所区别。

4.3.1 参照技术文档开发主要角色岗位职责进行训练

结构化技术写作涉及的角色主要有主题专家、内容架构专家、技术作者、评审编辑和视觉设计师等。这些角色可以是不同的人，也可以是在同一个人身上。在很多小型企业，这些角色甚至是同一个人。

语言背景学习者最有可能充当技术作者的角色，以发挥其语言方面的特长。如果想要强化训练结构化思维，就可以有意识地承担主题专家和内容架构专家的岗位职责。下面是这两个岗位的具体职责。

（1）主题专家

主题专家要对写作主题有深入的了解，主要是给技术作者进行关于主题信息的输入，提出项目时间的要求等，在整个技术写作过程中能够解答技术作者对相关主题的疑问，接受技术作者的反馈。参与技术评审，对关键信息的正确性和可用性负责。

在企业中，主题专家通常是由产品的研发人员、项目经理、产品经理等人承担。

理想状态下，在研究阶段主题专家可以给内容架构专家提供以下信息：

需求说明：给出产品的功能性需求和非功能性需求。

用户分析：目标用户群体划分、特点、用户画像等。

产品功能列表：给出产品的详细功能。

产品市场定位：给出产品的市场定位等。

产品路线图：由产品周期中的每个任务节点组合而成，是以任务为导向的时间节点图。

此外，在不同阶段，主题专家还应该承担不同的责任。在结构评审阶段，主题专家应该参与对结构的评审并给出意见。在内容写作阶段，主题专家应提供足够的有效内容给技术作者。在内容评审阶段，主题专家应从技术角度对内容进行评审。

（2）内容架构专家

内容架构专家要负责研究用户的需求以及产品和服务的体系，设计出适合的内容模型和具体的内容模块，掌控技术写作的子流程，把握各个内容模块的写作进度。根据主题专家提供的信息进行用户内容使用的需求梳理，能够整合各个内容模块（内容架构专家应具备用户调研的能力）。

内容架构专家应提供以下信息：

基于写作主题的用户任务分析报告。

基于写作主题的内容架构设计。

内容复用分析。

跨系列产品的内容矩阵等。

新建或更新内容模块计划与方案。

能够在评审后输出全部文档。

由以上岗位职责明细不难看出，主题专家和内容架构专家都需要用到结构化思维，需要划分模块、厘清模块之间的关系。如果长期坚持练习，思维方式就有可能发生转变。

4.3.2 参照技术文档开发各阶段任务进行训练

如前所述，结构化技术写作流程主要分为研究阶段、设计阶段、结构评审阶段、写作阶段和内容评审阶段。

发挥语言方面的特长，语言背景学习者在未来最有可能是写作阶段的主力军。但是，如果想要强化训练结构化思维，就要有意识去练习其他阶段的工作任务。我们来看一下这几个阶段的具体任务。

（1）研究阶段

研究阶段其实是信息收集的阶段，要收集关于用户的信息、关于企业的信息、关于产品和服务的信息、关于现有内容的信息。这个阶段的研究成果是后面进行设计的基础。

①研究用户

设计内容结构首先是设计这个内容体系中"应该有什么"，这个问题的答案就在用户的需求之中。对技术内容整体框架的设计，在最开始就需要考虑用户使用产品的每一步，需要研究本公司的产品、服务与用户需求的关系。这时候再把技术内容与用户的体验、需求一一对应，从而形成一个用户研究体系。

用户访谈是最常见的研究用户的方法之一。倾听用户的心声，可以了解用户的不满与期待，了解他们的习惯等。在访谈中，要设计开放性问题，多听用户的意见，通过用户的直接反馈来了解用户的需求。需要注意的是，用户的很多需求是"伪需求"，由于用户的生活环境、背景和眼界的限制，用户说出来的需求往往未必是他真正想要的东西。用户的单个需求有时候也会限制研究者的思路，要多问几个为什么。此外，也可以进行结构化的用户访谈，这样研究者想得到的信息就会有一个整体的框架。比如对技术内容的访谈，可以从完整性、一致性、可用性和便携性四个方面去设计。有了结构化的设计思路，就能得到一个相对完整的用户调查反馈。

有时候只听用户的意见是不够的，还要观察用户实际的行为，这时就要使用"焦点小组"这个办法了。这种方法要求组织者尽量"置身事外"，只做一个观察者。有时，技术内容的出现，是为了填补在操作时产品和用户之间的信息空白。所以技术内容焦点小组的观察，不仅是观察用户对技术内容的使用，还应观察用户对产品、服务的使用情况，或者查找信息的方式。如果只关注内容本身，是无法得到正确的结果的。

问卷调查要设计得易于回答，别让用户想太多，很多用户看到过多的问题或者过难的问题时就会放弃回答。另外，值得注意的是不要用预设的答案引导用户，一旦预设了结果对用户进行引导，就可能产生误导性的结论。此外要对用户样本进行选择，有些公司委托客服中心或技术支持部门对来询问或提出故障处理需求的用户进行问卷调查，这里就存在一个悖论。倾向于找人工服务的用户，就是不习惯于阅读文档，而其他没有找人工服务的用户，却通过技术内容解决了问题。这样调查的结果，可能与事实不相符。

任何设计不经过用户测试就谈不上以用户为中心。用户对技术内容的接受程度在于是否真的可用。这时，应该测试内容是否能够满足用户的需求。

用户直接、主动反馈的信息价值很大。主动型的用户更愿意说出问题，从而提供更多的有益信息。用户的直接反馈来自多种渠道，比如电话客服、技术支持、一线销售等。百度指数等工具会显示搜索的热词是什么，以及搜索词对应的用户特征、各项数据指标等。通过搜索工具能查到用户问的问题。还有更简单的方法是，搜索产品词，看看百度的联想词是什么，前排出现的联想词，一定是用户关注度比较高的词。

虚拟用户也是非常好的用户研究工具，这个人物可以是实际用户，也可以是潜在用户，包括他们的姓名、年龄、教育背景，他们有什么兴趣爱好，有什么痛点，为什么需要产品和服务等。每个虚拟用户都代表了背后的一个庞大的用户群体的原型。缺少了用户的设定，每个人可能都会对目标用户有自己的见解，并且会忽略很多细节。此外，随着项目的进行，如果没有虚拟用户，每个团队成员都会不断地变换对目标用户的定义。最终导致提出设计建议的人会根据自己的建议来制定用户角色，而不是根据用户角色来进行内容的设计。由于虚拟人物的设计会提供一个具体的受众，能够关注到具体用户很小的特性，若是缺少了虚拟人物，很可能会忽略这些细节。对于虚拟人物，应该从真实用户中去发现，而不是凭借自己对用户的主观理解和想象进行创造。

此外，研究用户也需要研究技术内容的"大场景"和"小场景"。

产品和服务的使用场景，是技术内容的"大场景"，对产品的技术写作内容的设计至关重要。只有充分考虑了这个"大场景"，才能真正让内容去填补用户认知的空白。将内容放在一个个不同的"点位"，帮助用户顺利使用产品。在使用的过程中用户分别需要什么内容，这个"大场景"决定了内容的有无。

内容自身的使用情况，是技术内容的"小场景"，要注意用户在什么情况下会去了解技术内容。"小场景"更多影响的是技术内容设计与传递的方式。除了这些总体的使用场景之外，还应注意一些相关的操作细节。

产品的使用场景和内容的使用场景有时候是一致的，有时也会不同，这就需要我们根据产品和服务的具体情况进行分析。只有结合两个场景，才能对用户的需求有更准确的把握。才能在正确的时间和地点（恰好他需要），提供用户想要的内容（恰好我有）。将用户放在场景之中，再进行任务分析。任务分析是一个收集组织和使用信息的方法。任务分析能够提供一个人的活动的概览。能够帮助内容架构师把任务和目标进行匹配和组合，从而将用户与所提供的产品和服务联系在一起。

②研究产品与服务体系

在设计整体内容框架的阶段，并不需要了解每个产品的细节。作为产品和服务的"帮助系统"，技术内容的可靠性、适宜性非常重要。

研究人员要对公司或组织能提供的产品和服务整个体系有深入的了解：公司或组织提供哪些类别的产品？这些产品之间的关联是什么？都由哪些部门进行研发？同时，能在根本上把控技术内容，做到心中有数。如果是系统级别的产品，不只要写单个产品的内容，还要写产品间合作关联的内容，某某产品如何与其他产品连接，否则这个内容就是无效的。除了关联，还要考虑产品间的相似度，哪些产品只是外观不同、功能是一样的，哪些产品功能有差别但是大部分功能是相同的。

技术内容的规划也需要符合企业的定位和商业的目标，同时也要符合产品的定位和目标。产品的价格和成本决定了对技术内容的投资与取舍。此外，产品与服务的领域和定位还涉及对渠道的投资。

产品的功能来自用户的需求，却也要通过内容再传递给用户。在真正做购买决定的时候，潜在用户首先考虑的就是该商品的功能能否满足自己的需求。他们不会完全依靠广告或者市场宣传的内容，而会去查找一些"干货"。产品的功能信息是产品最基本的信息，需要了解这个产品有什么功能，以及这些功能的存在意义。主题专家会将产品的需求说明、功能列表等信息提供给技术作者。通过产品的需求说明、功能列表，再结合对用户的研究，就能输出一个用户的任务分析，在用户完成任务的过程中需要的内容就是需要创建的内容。

研究人员要了解产品开发流程，包括了解产品所属部门和整体产品开发过程。要将内容写作的流程与开发的流程进行深入的结合，以确保在产品周期的各个阶段有足够的内容支撑。避免产品要发布了却没有技术手册，没有产品介绍、功能列表等信息。

研究人员要了解现有的资源，团队里是否有已成型的内容，这些内容的质量如何，存在什么问题，是否可用，还是需要修改。针对现有的内容，用户是否很容易就能够获取得到。团队里是否有专业的技术作者，他们的水平如何，是否需要额外的培训，研发部门以及营销部门的主管们如何看待技术写作。此外，技术内容还需要与单个系列的产品或者单个产品型号的市场定位以及市场的宣传进行匹配。

对于产品使用中存在的风险需要进行完整的分析，将使用过程中的安全隐患进行一一声明。这样可以一定程度上避免在操作中因不慎引起的严重后果，以及因此导致的法律纠纷。在技术内容中，尤其是操作使用相关的技术内容中，要对产品的法律风险以及合规性的风险进行分析，并在内容中体现产品的商标、著作权说明、法律责任范围声明以及合规性声明等。一方面要分析产品的部件、性能、设计等可能导致的风险，另一方面是用户在使用和操作过程中可能导致的风险。最后，纵向地对产品的风险进行分级。

③研究现有内容情况

对于内容结构的设计，通常不是去创造，而是去发现。企业或组织每天都在产生非常多的内容，文档工程师的工作不会是从零开始，要建立体系和有规划地进行技术内容的创建和管理，更多的工作是梳理这些内容，即要知道这些内容有什么。一个公司每天都在产生内容，无论是技术内容还是市场类的内容，整个公司的技术内容有哪些，有多少内容，这些内容应该如何分类。再把这些内容进行定量和定性分析，研究所有的内容，而不是针对某一个产品的内容或者一个项目产生的技术内容。无论是结构设计还是后面的内容写作，都要看看原本有什么内容，有没有直接可以使用的，而不是拿起来就开始写。梳理现在的内容，要求将现有的内容全部找出来，整理一遍，了解企业内容的全貌、这些内容存在的目的、谁会使用这些内容等问题。内容梳理可以说是了解内容全貌的唯一方法，这个工作非常烦琐，但是非常有价值。梳理主要包括以下内容。

通过梳理现有内容，确认现有的文档类型以及内容模块，确定内容是如何使用、复用和传递给不同的客户的，确认内容是否有重复创建，确认内容是否符合用户的需求。

在研究阶段，需要输出至少以下研究成果：产品和服务的用户旅程；用户画像；用户场景说明；现有内容的梳理表格；技术写作流程说明；产品的功能列表；产品使用过程中存在的风险；发布渠道与发布流程；主题专家信息输出规范。

对于语言背景的学习者来说，研究阶段的各项任务都需要他们去挑战自己既有的思维模式，学习将任务模块化，并显示模块之间的关系，而这正是结构化思维的精髓所在。

（2）设计阶段

在设计阶段，首先，基于需求分析的结果设计内容体系和类型的结构。

从用户实际需要了解的信息和完成的任务出发，来确定文档的结构。使用不同的写作方法有不同的内容分类方式。设计整体技术内容框架的时候需要将技术内容与用户的旅程进行紧密的结合，确保用户对内容的需求都有所响应；确认内容的负责方，减少内部的重复劳动（确保内容有人负责且只写一次）；使后面的技术写作工作有指引和方向（提供规范化的内容定义和风格指南）；定义某一结构在内容类型（文档）中是做什么的，为什么存在；对内容的发布渠道进行考量。

其次，需要创建每个文档的内容模型。

当内容大类设计好之后，就可以进行每个内容类别内部的结构设计了。内容结构的抽象与固化就是内容模型。设计内容的模型要考虑用户、产品和服务，同行的情况以及被广泛接受了内容的范式，并从内容管理的角度进行优化。内容模型将内容切割成一个个模块。通过内容模型的设计，就能弄清楚一个内容类型包含哪些内容模块。内容模块是内容的基础单元。内容管理的对象就是一个个内容模块。在设计模型阶段，不需要考虑最后的内容样式是什么，只需要关心每个内容的模型应该有怎样的结构，也就是包含哪些类别的内容模块，以及它们的内部结构。

在传统的写作工具中，内容模块都是用标题来划分和切割的，并且用模板的形式来表示。在一些结构化的写作工具中，内容的模型则是用软件来控制强制使用的。结构化写作要求重新审视收集、分类、组织和存储内容的方式，需要模型（其初级的表现形式是内容模板）来定义结构化的内容。创建一个个的内容模型是设计结构化内容的基础。

创建内容模型的思想是近年来兴起的，它与数据库设计时的数据建模以及软件系统设计时的对象模型都有相似之处，所以是彻头彻尾的"理科思维"。在设计数据库时，通过建模给数据赋予意义，使数据的存储和检索更加有效。使用对象模型，则定义对象和对象之间的关系，以便访问和管理对象是高效和有效的。这两种创建模型的思路同样适用于内容模型。

这种内容模型是一个比较具体的模型，实际上内容模型可以更加抽象，例如，DITA 的内容模型就是任务型、概念型和参考型内容。这样的情况下，产品介绍类内容在 DITA 的写作中就属于概念型内容。越是抽象一般化，应用就越广泛。但是在实际使用中，如果过于抽象和宽松，对作者的指导意义就不够强。

由于内容模型的设计是对内容模块的切割，切割出的内容模块的颗粒度大小也是需要考虑的对象，要定义内容模块最大是多大，最小是多小，要管到多细。例如，定义"产品介绍"就是一个内容模块，就管理到"产品介绍"这个层级，包含一些内容元素，而不需要把"产品介绍"再细分成"产品名称"等模块。或者定义"产品优势"是一个内容模块，如果还需要细分，会增加管理的难度。过粗的内容颗粒会影响我们的复用与管理，过细的内容颗粒同样会造成混乱与管理上的困难。

内容模块设计是要将内容组成小的、可管理的模块。当要创建一个新的内容或者要将一大堆非结构化的内容转化成结构化的内容时，就可以从内容模块的设计入手。可以根据很多维度对内容进行分类组合，比如按照内容的目标读者分类组合，按照内容的使用场景分类，按照各个内容的功能和用途分类等。

结构化设计的原则是力求以少数模块组成尽可能多的产品，并在满足要求的基础上使每个发布的文档准确、结构简单、可理解、说得通。模块内部的结构应尽量简单、规范，模块间的联系也应尽可能简单。因此，如何科学地、有节制地划分模块，是内容设计中具有艺术性的一项工作。既要照顾内容创建和管理上的方便，具有较大的灵活性，避免组合时产生重复和混乱，又要考虑该模块将来进行复用和重新规划。划分模块的好坏直接影响模块系列设计的成功与否。

再次，需要基于产品的详细功能和用户任务设计内容模块。

针对产品设计模块时，要将产品的功能和性能与用户需要的目标和问题紧密结合。这时可能就会应用在研究阶段对用户进行的研究结果，比如用户画像等工具。此外，还需要考虑以下方面：需要设计的详细程度；每个模块的信息量是多少；内容模块之间的区别与联系。

第一，结合产品功能与用户需求进行内容模块的设计。基于产品的功能，用户要怎么做，这个对"怎么做"的描述就是一个个的内容模块。在实际运用中，可能还应该对用户需要的内容模块进一步分析和细化。不论在设计内容模块的哪个层级，都要考虑内容为什么存在，如果用户不需要该内容就能解决问题，那么该内容没有必要存在。此外，不同用户根据角色的不同有不同的需求，还需再将内容根据用户角色进行组合。

第二，进行跨产品、跨内容类型的内容模块的分析对比。对内容进行分析对比，才能发现内容之间的关联。由于内容来自产品和服务，产品之间的相似性决定了其内容的相似性。对于同系列的产品，内容有非常大的复用潜力，通过分析对比可以发现可复用的模块，减少重复劳动，提升内容的一致性。进行跨产品系列的内容模块设计，就要应用前面对产品体系的研究成果。此外，在内容梳理的时候，还会发现很多跨部门的内容复用的情况，对此也要进行分析。

内容模块设计需要考虑的方面有：纵向系列内容模块设计，在同一内容类型中对不同产品的基本内容模块进行设计；横向系列内容模块设计，针对一个产品的不同内容类型的内容模块进行设计；跨产品系列内容模块设计，除发展横向系列产品之外，改变某些模块还能得到其他系列产品者，便属于横向系列和跨系列模块设计；全系列内容模块设计，包括纵向系列和横向系列；对比跨产品线的全内容模块的区别与联系；对比跨部门的不同文档类型的区别与联系。

第三，抽取已有内容的结构。由于大部分情况下技术写作是基于已有内容，或是其他企业和组织已有类似的内容，所以发现与抽取内容的结构也非常重要。可以通过给文档加上结构化内容标记的方式来找到内容的结构，一个非常重要的特征是，它明确区分一个文档的结构和语义内容。

为内容加上语义标签是指给予一个写作的内容以意义。不仅要把内容写出来，还要写出内容是什么。比如写操作洗衣机的详细步骤，就要加上"步骤"标签。这些结构化的语义标签就是内容的结构元数据。这个标签应该具有语义，并且需要足够清晰明了，用户一看就知道这部分是什么内容。这个标签要足够概括，否则兼容性就不好，不够灵活，同时也要足够精准，否则就没有意义。

当给写作内容加上语义时，需要清楚地知道这个内容的结构。在很多流行的写作技术中都使用了结构化的语义标记，例如信息映射采用了结构化语义标签，还有基于标记语言的内容设计，比如 IBM 开发的 DITA 的标记系统。

结构化内容标记的显示化可以展示单个文档内部的结构。以往的内容结构通常是隐性的，是以不同的样式进行划分，或者需要阅读了内容之后才知道说了什么。但是对于技术内容，用户需要更快地定位，更加清晰自己要读什么。此时用样式和标题对结构进行划分还不够，需要更加深入地将每个内容模块，甚至是内容元素的标记予以明确地显示。通过结构化内容标记的显示，只要看到标记，就知道内容是什么。这里以论文网上评阅和答辩准备的示例来说明标记的重要性，如表 4–1、表 4–2、表 4–3 所示。

表 4–1 示例

论文网上评阅和答辩准备
论文实行匿名评阅，3 位评阅人由研究生科通过管理系统发邮件通知评阅专家进行论文网上评阅，不由导师指定，学生递交答辩申请时把 600 元评阅费先交上。如果有一个评阅是及格 / 需要大修改，只能退回再修改，等下个季度论文修改好，发回原评阅人重评（评阅费 200 元 / 人需重交），直到论文总体评价到中等以上为止（含中等）。 　　评阅总评审核后，答辩成员名单确定后，凭答辩记录表来盖答辩表决票的章。答辩那天，请务必提前半个小时到，布置会场，调试投影仪（请有笔记本电脑的同学带上）。答辩 PPT 尽量做到图文并茂、精致美观，且主要写自己的工作，最忌讳把大篇文字拷贝上去。答辩委员会意见（草稿）的电子版和纸质版都应带来。 　　评阅、答辩、记录酬金（需要提前把酬金表打出，并准备些信封）： 　　1. 评阅酬金：每位专家 200 元，共有 3 位，共计 600 元。 　　2. 答辩酬金：每位专家 200 元，共有 5 位，共计 1 000 元。 　　3. 记录酬金：40 元或 100 元。 　　4. 答辩结束后，向院老师提交所有答辩材料时，每人需要支付给学院段老师 60 元（作为秘书费，不找零钱，自备）。 　　这是一般的标准，不同导师可能有不同标准，具体问导师或全部交给导师处理。学院能报销的酬金总额就只有酬金表上的数字（900 元）。

抽取关键信息的方式就是梳理清楚这些内容是什么，为什么存在。

这个内容中包括以下关键信息：

论文的评阅方式。

论文通过评阅的要求。

答辩要求和准备。

答辩当天的注意事项。

关于酬金的说明。

表 4-2　标记示例

论文网上评阅和答辩准备

【论文的评阅方式】论文实行匿名评阅，3 位评阅人由研究生科通过管理系统发邮件通知评阅专家进行论文网上评阅，不由导师指定。【论文的评阅方式】

【关于酬金的说明】学生递交答辩申请时把 600 元评阅费先交上。【关于酬金的说明】

【论文通过评阅的要求】如果有一个评阅是及格 / 需要大修改，只能退回再修改，等下个季度论文修改好，发回原评阅人重评（评阅费 200/ 人，需重交），直到论文总体评价到中等以上为止（含中等）。【论文通过评阅的要求】

【答辩要求和准备】评阅总评审核后，答辩成员名单确定后，凭答辩记录表来盖答辩表决票的章。【答辩要求和准备】

【答辩当天的注意事项】答辩当天，请务必提前半个小时到，布置会场，调试投影仪（请有笔记本电脑的同学带上）。答辩 PPT 尽量做到图文并茂、精致美观，且主要写自己的工作，最忌讳把大篇文字拷贝上去。答辩委员会意见（草稿）的电子版和纸质版都应带来。【答辩当天的注意事项】

【关于酬金的说明】评阅、答辩、记录酬金（需要提前把酬金表打出，并准备些信封）。

1. 评阅酬金：每位专家 200 元，共有 3 位，共计 600 元。

2. 答辩酬金：每位专家 200 元，共有 5 位，共计 1 000 元。

3. 记录酬金：40 元或 100 元。

4. 答辩结束后，向院老师提交所有答辩材料时，每人需要支付给学院秘书费 60 元。【关于酬金的说明】

表 4–3　标记显示化示例

论文网上评阅和答辩准备
论文的评阅方式： 匿名评阅，3 位评阅人由研究生科通过管理系统发邮件通知评阅专家进行论文网上评阅，不由导师指定。 评阅费： 600 元，学生递交答辩申请时把评阅费先交上。 论文通过要求： 如果有一个评阅是及格 / 需要大修改，只能退回再修改，等下个季度论文修改好，发回原评阅人重评（评阅费 200/ 人，需重交），直到论文总体评价到中等以上为止（含中等）。 答辩要求和准备： 论文通过评阅，须经总评人审核。 确认答辩成员名单。 凭答辩记录表来学院盖好答辩表决票的章。 答辩注意事项： ·请务必提前半个小时到，布置会场，调试投影仪（请有笔记本电脑的同学带上）。 ·答辩 PPT 尽量做到图文并茂、精致美观，且主要写自己的工作，最忌讳把大篇文字拷贝上去。 ·答辩委员会意见（草稿）的电子版和纸质版都应带来。 评阅、答辩、记录酬金（需要提前把酬金表打出，并准备些信封装酬金）： 1. 评阅酬金：每位专家 200 元，共有 3 位，共计 600 元。 2. 答辩酬金：每位专家 200 元，共有 5 位，共计 1 000 元。 3. 记录酬金：40 元或 100 元。 4. 答辩结束后，提交所有答辩材料时，需支付秘书费 60 元。

通过内容标记的显示化，就能够抽取出内容的模型。针对设计单个文档来说，它弥补了内容模板的一些不足，而这些内容模板是从样式出发进行设计的。如果用 Word 这种二进制的编辑器来写作，内容标记的显示化只能做到这个程度。还有一种对内容元素加上标签的方法，需要利用 XML 语言。利用 XML 不仅能够让用户更加容易理解，也能够让计算机"读懂"内容。

第四，内容模块的复用。内容的复用能够降低企业的内容创建成本。在设计内容模块的同时，就应该着眼于发掘内容模块的复用潜力。在设计内容模块时，通过"合并同类项"得到整个产品的内容基础模块。内容复用能够减少技术写作的费用。很多公司都在优化结构化内容管理系统，使内容模块能够更好地被复用，从而降低成本。

如果一直采用非结构化的写作和内容管理方式，内容复用的潜力绝对超过想象。只要采用了适当的复用方法和策略，内容的使用效率将大大提升。当对内容进行了结构化之后，复用也会变得更加简单。复用的时候可以根据复用的颗粒度分为文档的复用、内容模块的复用或元素的复用。一个文档完全复用的情况在实际中是非常少见的。结构化的内容写作、管理、复用的主要对象都是内容模块。如果把复用研究到内容元素这样小的颗粒度，需要管理的关系就会变得特别复杂，增大了管理的难度，会导致很多问题。

因此，在设计内容复用的时候，可以根据复用的程度对复用进行分类。

完全复用，内容模块完全一致。常常发生在同系列产品的内容模块之间，由于产品设计的相似性，导致其内容的相似性。同一个产品的不同文档之间也可能出现同样的可完全复用的内容模块。例如法律声明、产品介绍、常见问题解答等。

部分复用，内容模块大部分一致，但是略有区别。这时候将原来的内容稍加修改，就能得到可以使用的新内容。如果使用写代码的方式来写作，就可以通过加条件句进行过滤和加变量进行不同的赋值等办法来控制复用。

过滤型复用，通常适用于内容模块大部分一样，但是发布时个别内容元素不能出现的情况。同系列产品中有的产品有某个功能，有的产品没有。这时候，对于功能描述内容的复用就要将这部分的内容过滤掉。

变量型复用，变量是指变化的值。变量型复用通常适用于内容模块中个别内容元素经常发生变化的情况。例如，公司有好几个子品牌，法律声明内容虽然一样，但是品牌名称和 Logo 需要根据情况进行调整，这种复用就叫作变量型复用。

有时为了复用，会对内容模块进行重新划分。比如，产品的用户管理模块包含了用户添加、用户密码设置、用户姓名等子任务，但是用户密码设置也会使用在网络安全的相关内容模块，这时为了更好的复用，就不能将这些内容放在同一个模块之中。从内容管理的角度考虑，划分颗粒度的时候，要充分考虑复用的情况，以最大的复用可能来进行划分。

第五，结构化的内容定义。对文档内容的定义以及写作规则的管理通常都是通过"风格指南"来完成的，很多企业和组织会把这些规则写入"风格指南"，并对相关的人员进行培训。在实际工作中，需要文档工程师熟知这些规则并将这些规则应用在文档中，而发布之前往往也要对文档的结构进行评审。技术文档工程师可以去询问有经验的同事或者是参考风格指南以便统一应对复杂内容的结构。这个方法的效率并不高。在评审中通常会发现文档内容结构偏离标准。

结构化写作可以使用 XML 技术来定义和强制使用内容结构，帮助作者在写作时遵守文档内容结构。如果作者对标准的文档内容有一定的偏离，结构化写作系统会提醒技术作者出现了错误。例如，这个位置不能使用表格，每个文档都必须有个标题，等等。这样技术作者就不需要记住所有的文档结构的定义，而是依靠一套结构化的内容管理系统来解决。结构化的内容管理系统能有效提升工作效率。

结构化的内容定义可以落实到一个内容模板上。这个模板应该有结构和写作规则的定义。传统模板通常只有样式的规定，并未提供对内容结构和写作方式的指导。

传统模板对于写作有一定的帮助，但是缺少对内容结构的规定，无法保证作者写出完整、全面的内容，也无法保证内容的清晰和逻辑性。

综上，结构化写作贯穿设计阶段的每一个环节。学习结构化写作可以在教室里先学理论，再进行实操掌握基本技能；也可以采用学徒制（Apprenticeship）在使用中学习，在实践中深化认识并掌握。结构化思维的训练对于语言背景学习者来说，只有自己亲自实践，并学会总结、完善，就能掌握结构化思维。在很多头部企业里，文档部门都实行 mentor 制，这是让新手最快上手的方法。

（3）结构评审阶段

对内容结构的评审也需要采用结构化的方式进行，否则就会有评审不清晰的情况。内容评审的指标，要根据内容质量的指标来定，高质量的内容具有可用性、一致性等特点。

结构不是一成不变的，需要随着新的需求或者是发现的问题进行调整。后期经过内容填补、完善，反复查漏补缺，结构才能够固定下来。

结构化评审的结构，需要关注以下四个方面。

完整性：结构是否包含了应有的所有内容模块。比如印刷的用户手册上是否有法律信息，是否应该包括认证的信息，是否有缺失内容。完整性可以从用户和竞争对手两方面进行对标：是否所有用户的内容需求都被关注；对照竞争对手、标杆企业的资料体系查漏补缺。

可用性：一个整体的内容结构是否根据不同的用户进行了划分，是不是用户关注的内容。如果用户不关注，这部分的内容就没有意义。

一致性：同类产品的内容体系和结构是否一致，如果不一致，查找原因。

复用性：复用是否合理，是否存在应该复用的内容重复创建，或者内容模块划分过大、过细导致无法复用。

由于结构的设计是内容设计的基石，结构的设计决定了内容的适应性。所以对结构的评审应该得到所有利益相关人的参与和关注。

对于内容的体系与结构的评审，应该放进内容的大语境，也就是产品和服务之中，从整体的用户需求出发，提供诸如学习、购买和使用上的支持。让内容在每一个用户搜寻信息的关键时间节点，都能接触到用户。

此外，结构应该在实际使用中得到验证，并根据实际用户的反馈不断迭代。当基于某个结构的文档发布后，应该对其内容模块的使用情况进行跟踪，以确定哪些内容模块能取消。

反过来，对于内容模块本身，也应该询问用户的感受。比如，注意事项是出现在内容的开头整体进行提示，还是出现在步骤之间逐个进行提示。再比如，错误信息应该是错误类型在前面，还是后果在前面。作者不能忽视这些细节。

（4）写作阶段

结构化写作是"填空"的过程，在结构化写作的思路指导下，内容的写作是指技术作者基于内容模型来创建内容模块的过程。不同于传统叙事从头写到尾，由于模块在前期已经设计好，技术写作在写作阶段能决定的内容很少，并且通常设计体系、结构和模块的人与最后写作的人并不是同一个人。写作的时候应该去填充规定在册的某一种结构，并由多人合作完成。

结构设计先行，并不是说写作就不重要，结构只是一个模型，是一个把内容的结构抽象出来的产物，并不是看得见摸得着的内容。而到了写作阶段，就要在一个个内容的壳子里放上真正的内容了。结构化模块本身并不能够保证作者能够写出一致的、高质量的内容。作者写出的内容模块就是一个个内容模型的实例。在具体写作和填充内容之后，从一个内容结构产生内容模块的过程就有点像计算机中的实例化，由编译器通过一个具体的类型来取代每个模板的参数。

前期结构设计得越精细，在具体写作时就会越省力。做填空题会比做问答题的时间节省很多。对企业来讲，这样对人员的管理也有好处，在内容的结构设计好之后，初级的作者不需要知道太多产品的架构知识就能进行某个模块的写作。结构设计的人专门设计结构，写作的人专注于写作。在这个阶段，不需要过多地去研究用户和结构了，因为前两个阶段已经研究得很透彻了。但是写作者也要时刻记住前面对用户的调查，并在写作时取舍相关内容。

在这个阶段，为了高效地传递信息，对技术内容的写作，需要遵循正确可用、简洁明了等原则。

原则一：正确可用

技术内容提供的信息是否正确，对用户是否有误导，阅读之后能否完成任务是技术内容最基本的评价标准。技术内容中每一句话、每一个字都应该是正确可用的。无论是界面上的字符、参数、操作步骤，还是法律声明，全部的信息都必须正确。因为用户会基于这些内容进行操作。很多用户会因为错误的信息买错产品，而且哪怕是一个很小的信息出错，用户也会丧失对整个内容的信任。这会对企业和组织的品牌会造成负面影响，会导致不满意的售后评价、退货，甚至引起法律纠纷。

为保证内容的正确性，作者在主观上需要保持细心和责任心，但是光有这两点是不够的，还需要在流程上加以保证。

在实际流程中，作者可以通过与主题专家沟通和访谈得到正确的信息，并参与整个产品或服务设计的流程，也可以自己进行实际操作得到信息。如果写的是产品使用操作步骤，有条件的话建议拿着设备操作一遍。同样，写一个流程说明的时候，最好自己尝试一遍，以便全面了解信息。

在写完内容之后，要对关键参数进行全面评审，对于相关步骤的内容，建议进行可用性测试和验证。只有通过评审和验证的内容才能够发布，相关的评审缺陷要得到妥善的解决和记录。

针对重要性高的资料，在完成之后，要对内容提供可用性测试。

原则二：简洁明了

简洁作为一个基本原则，适用大部分的技术写作。技术写作应该尽量简洁但是又不能损失必要的信息。实际上，用户在阅读时花费的时间少了，满意度就会提升。如果产品面对多国市场，简洁的写作风格除了提升专业性之外，还能够切实减少语言翻译的费用。删除冗余字符，就是为企业节省成本。

追求高效沟通的技术写作可以减少信息传递过程中对用户认知的干扰。如果段落和句子太长，用户就会失去读下去的兴趣。因此，应尽量用少而足够的信息解决问题，保持段落的短小精悍。对于非常长的段落，通常需要将其分成两个或多个，因为说明白一件事不需要太长的段落，写作时要养成这个习惯。在写作时，要避免啰嗦，要敢于删除，只留下必需的信息。

简洁的写作风格要基于对用户的精准研究，要知道哪些是用户需要的，哪些是不需要的，结构化本身就有助于写作的简洁。

简洁的内容提高了技术内容的信噪比，使有效信息更加突出，使文档页面结构更加清晰、简明，节省多语言翻译的费用。

利用项目列表或图表来表示，有助于技术文档的精简。图表能够比文字更加简洁明了地表达思想。

有时候内容多写几个字，并不影响理解，有的歧义也可能不会影响内容最终的使用，但是这些冗余与歧义对于追求阅读效率的技术写作来说，会加重用户的阅读负担。简洁明了的目标，并不是修改错误的内容，而是在最大程度上减少用户的阅读负担，让用户乐于去阅读，从而保证信息快速有效的传递。

原则三：一致原则

技术写作要保证一致性。结构的标准化保证了结构的一致性，技术内容还需在写作风格、语言选择等方面尽量保持一致。

结构化的内容模块的复用，可以在一定程度上保证内容的一致性，但是在写作的时候也要注意一致性。

功能名称、术语、缩略词以及其他的称呼在写作上要一致。一个企业的同类型的写作风格应该保持一致，无论是样式排版、颜色设置，还是语言、语气的选择，都应该保持一致。面向专业用户应采用专业、直接、权威的语言风格。如果面向家庭或者专业背景不强的用户，可以选择更加口语、对话式的风格。但无论选择什么，都应保证整体语气的一致性。

为了保持一致性，除了要对常用句式进行规定，还需要在产品设计之初就进行术语的收集和定义。在进行评审的时候，对一致性进行检查。

原则四：可预测

好的技术写作与好的实用性产品设计一样，不要给用户"惊喜"（或者说"惊吓"）。不可预测的内容和呈现方式会让用户感到不适。不要留悬念给用户，所有的信息都应该明示、精确。

在技术写作中不能让用户去费力查找信息。结构化内容标记的显示可以帮助用户快速定位内容。要设计一个清晰的目录，让他们能够在一开始就能查找。对于一些较长的操作步骤或者容量较大的内容模块，要在内容最开始的位置就给出操作流程的示例。内容较多的文档，还应该设计页眉、页脚和页码，帮助用户进行定位。此外，为了保证美观，页眉下方和页脚还应该进行特别设计。

原则五：避免术语解释术语

在技术写作时，会出现用技术术语来解释技术术语、用行话来解释行话的现象，这会造成用户理解上的困难。在实际过程中，要在研究用户知识背景的情况下决定术语的使用。但是无论如何，应尽量避免大量使用术语，以及使用术语来解释术语的情况。因此当一个术语出现的时候，只要有难以理解的可能性，就需要根据写作对象的不同来进行不同形式的解释，并且进行举例说明。

原则六：避免个人化

技术内容应该是客观的，要避免在写作时将自己的主观意见和情感体现出来。在写作中，可以减少程度副词和形容词的使用，减少个人的痕迹。

有一些程度副词，比如非常、简直、大概、大致等，应减少使用。因为程度的概念，若是没有具体数据来衡量，表达是非常主观和模糊的。还有一些更加明显的，如"我觉得""在我看来""我认为"这类词也不应该使用。

原则七：使用主动语态与第二人称

主动语态和第二人称会体现专业与权威感。使用"您"或者"你"这样的直接写作称谓，会让用户更加有代入感，能够更快地建立产品与用户的联系，诸如"本软件系统能帮助您完成以下任务"的代入感远远好过"本软件能帮助用户完成以下功能"。而且针对软件的说明文档，对角色的区分，有"用户""管理员""操作员"等不同的权限分配，也许会产生歧义，使用第二人称就能避免这种情况。

当希望用户做某事的时候，使用主动语气和第二人称，会使内容更加有力量。第二人称在进行多语言翻译的时候，也能体现优势。

此外还有主动和被动句的使用。被动句能够隐藏动作的发出者，其实是一种非常客气的说法。使用被动语态，语义的表达是间接的。

主动句能够给文字增加权威性，因为用户想知道，谁来解决，如何解决。在技术写作中，要明确动作的发出者，尽量减少用户不必要的疑惑。

原则八：米勒法则

米勒法则认为人类处理信息的能力是有限度的，大多数人只能把注意力集中在 7 ± 2 个信息块。这就像人类的其他极限一样，是很难改变的客观因素。这是由于短期记忆储存空间的限制在很大程度上限制了人的思维能力。过量的信息输入会使人产生信息过载，超过 9 个信息块后将使大脑出现错误的概率大大提高。

根据米勒法则，在写作时，对任何信息的处理都尽量不要超过 9 个项目。如果真的遇到超过 9 个项目的情况，可以对其进一步归类。例如在写操作步骤的时候，发现产品的操作需要几十个步骤才能完成，那么此时可以对这些步骤再进行一次概括和归类。如果归类很困难，或者说即使归类仍超过 9 个，就可以给产品设计的同事提出意见，寻求改进交互设计。

长的段落比短的段落读起来要困难得多。技术内容的段落不要超过 9 句话，建议是一个主题句加上 4 ~ 5 个支持的句子。甚至有的时候，一句话就是一个段落，比如一些介绍性的背景信息类的内容，再比如一个对图片进行描述的句子。每个段落都有一个主旨，不要因为字数较少而把两个段落合并为一段。因为阅读需要注意力，用户可能会直接略过大段的文字，想传递信息这个目标也就无法达成。这个法则能很好地指导产品设计，对于技术写作和如何分配工作和学习的精力，也提供了很好的参考。

原则九：术语与缩略语

在学习一门知识的时候，通常会从几个专业的概念入手，这些概念就是这个专业的术语。一个人对术语的了解程度，决定了他是一个"门外汉"还是一个"专家"。用户在阅读内容的时候，出现的大部分理解问题是对术语的不理解。因此有效的术语管理非常重要，它可以提升整体的写作效率，节省翻译成本，同时提高写作与翻译的质量。从术语提取、管理、查询到使用，都应该进行有效的管控。例如，一个包括技术参数、图纸、用户界面、软件字符串、在线帮助系统、技术文档的市场推广类内容，往往由多个作者共同完成。如果不对术语进行管控，对同样的事物有不同的名称，就会导致混乱和混淆。有效的术语管理对于确保沟通内容一致性来说是必要的。

对于写作团队来说，应该在项目开始时就将关于主题的术语提炼出来并定义清楚。术语的定义应该只出现一次，在后面的写作中，要使用术语及对其解释，而不是反复定义。

如果企业或组织拥有全面自动化的术语管理工具，就能为开发人员、写作人员以及译员带来极大的帮助，就能减少对相关术语进行反复的手动查询，同时降低了术语不一致的风险，避免了意义混淆以及由此造成的产品发布延误、召回甚至巨大经济损失，从而提高了沟通的效率。

中文原本是没有缩略语的，但是中文文档中也常常出现英文的缩略语。如果文中涉及多处缩略语，需要在文中给出一个整体的缩略语说明。

缩略语在首次出现时，需要给出全称与中文解释。

原则十：尊重不同背景下用户的风俗、习惯

当面向不同国家用户时，本地化工作的第一步往往是将技术内容翻译成当地语言。进行翻译时，要对不同国家用户的使用习惯、沟通方式和风格进行了解。

当产品在海外发布时，应避免内容中出现涉及种族歧视、女性歧视的语言、图片等问题。

可以从禁忌入手，了解不同国家用户的使用习惯，避免让用户觉得不舒服。可以跟当地的销售人员、技术人员进行沟通，对用户的沟通习惯进行了解。

在翻译多语言时，可以尝试用英文作为其他小语种的"源语言"，这样会得到更多的翻译资源和更高的翻译质量。

该阶段本身就是结构化写作，是结构化思维最好的实战训练。

（5）结构化的内容评审

评审相关的工作有两个，首先是在评审之前，要知道评审什么，也就是制定内容质量的指标，其次才是根据这些指标项来进行评审。评审应该是结构化的。

结构化评审的重点在于归类整合出相关的质量指标，将质量指标进行标准化，再使用这些指标进行对照。如果凭着感觉去评审，往往会产生不必要的争论，影响评审的效率。可以根据前文讲述的写作原则来进行评审，也就是对技术内容的正确性、可用性、简洁性、一致性及清晰性等各个方面进行评审。技术内容的质量指标应该是清晰明确的，并且要尽量量化。相对于有着非常容易量化标准的信息的正确性评估，内容的清晰性等方面的评审会相对主观一些，因为涉及语言的写作是否容易理解和不同风格的选择等。这部分的质量难以用对错来评判，容易引起争论，所以这部分的标准制定也非常重要。通常可以用企业和组织的风格指南来规定一个倾向性，并以此为依据，提高评审的效率。

技术内容的评审有两个方面，一个是主题专家的评审，另一个是同行的评审。主题专家就是在收集信息阶段那个能够给出很多信息输入的人，由于他们对领域知识有很深入的了解，所以相关的专业知识是对是错，他们是最清楚的。在评审的时候他们对这些数据能够给出审核意见。同行评审的侧重点是放在写作的规范上，比如拼写错误、语法错误、用词错误等，并根据风格指南的一些标准进行对照。

结构化评审的指标来自用户关心的问题。比如能否找到信息，能否解决他们的问题，内容是否有错误，是否能够理解，阅读的感受等方面，然后再根据实际情况将这些指标进行量化。

对结构化内容的验证除了评审之外，还可以进行可用性测试，让终端用户对产品进行典型操作，同时观察员在一旁观察、聆听、做记录。在可用性测试中，应避免通过场景告诉用户如何去完成一个任务，而应该给定任务，观察用户是如何完成任务的，并根据用户的操作情况来判断当前内容的设计是否能够帮助用户在特定的场景下顺利完成任务。

内容是功能的辅助，对于内容的可用性要根据产品的目标加以思考，而不是单独测试内容本身。需要把内容放在其"大场景"之中，看这些内容是否能够辅助用户实现他们的目标。可用性测试的场景中可以仅测试产品的使用。在正式测试前，技术内容体现的是作者对用户如何完成某个特定任务的所有路径和步骤，包括用户可能使用的主要入口或者其他入口，供观察人员和记录人员在测试中使用。而在测试后，可对比预期过程和用户完成任务的真实过程，根据实际的情况再去进行改善。通过可用性测试过程会呈现出用户是如何完成任务的，这时候再去审视技术内容的设计方案能否推动或帮助这个任务的完成，甚至是否对任务的完成有所阻碍。

在测试完成后，评审人员应整理记录问题，找出其中最严重的问题，并立即进行修改。将其他问题按照优先级进行排序，制订修改计划和执行人，经过这样的步骤，测试的结果才可执行。

在真实情况下，语言背景的学习者不可能直接做评审工作，但是可以通过对评审表格的学习、观摩评审的工作等过程训练结构化思维。

本章分析了语言背景学习者的常规思维模式，指出了发散思维和创造性思维等"文科"思维模式和结构化写作所需要的结构化思维刚好相反。借鉴商业领域对结构化思维训练的有效方法，语言背景学习者可以有意识地训练结构化思维的，最佳途径就是"以做促学"，在使用中学习。

近年来不同学者对于结构化思维的定义不尽相同，但都强调了一个共同点，结构化思维不是指某种单一固定的思维方式，而是将各个思考部分系统有序地搭配或者排列组合。结构化思维是以事物的结构为思维对象，以事物结构的积极建构为思维过程，力求得到事物客观规律的一种思维方法。简而言之，结构化思维就是学习事物是怎样相互关联的，结构化思维的路径就是分类归纳、厘清结构、明晰规律，建立信息点之间的科学联系。

第五章　结构化写作工具与结构化思维

语言背景出身的技术文档工程师借助结构化写作工具可以提高工作效率，不必通晓技术和技术原理，也可以通过这些工具达到很高的技术文档质量。本章首先介绍两种常用的技术写作工具 Oxygen XML Author 和 PTC Arbortext Editor，以及它们与结构化思维的关系，再探讨语言背景学习者如何用好结构化写作工具。

5.1 Oxygen XML Author 与结构化思维

Oxygen XML Author 是一款适用于结构化写作的创作工具，它是 Oxygen XML Editor 家族中的一个软件。Oxygen XML Author 是一个适用于多平台的软件，它可以适用于 Windows 操作系统、macOS 操作系统以及 Linux 操作系统等。自从它在 2007 年被以 version 9.0 开发出来以后，经历了多年的迭代更新，到目前最新的 version 24.1，已经具有相对完善和高效的功能，可以使用户进行高效便捷的结构化写作。Oxygen XML Author 具有如下几个主要功能和特征。

（1）单一来源出版指的是用户可以通过 Oxygen XML Author 将所创作的内容按照场景和主题分为不同的部分，当其他场景需要这一部分内容的时候同一个部分可以不断复用。所创作的内容可以生成为 PDF、ePUB、HTML 等格式的文件输出；达尔文信息类型架构（Darwin Information Typing Architecture，DITA），被应用在该软件中，实现了内容可被复用和继承等功能。

（2）结构化 XML 编辑帮助用户更加直观和高效地使用该软件。这一智能编辑功能可以给用户提供选择，并且帮助用户进行内容补全甚至提供错误解决方案。例如上下文相关内容完成助手，支持显示最近的内容项，ID/IDREFS 的搜索 / 重构支持以及 XML 快速修复功能。

（3）XML 发布框架提供了可视化的 XML 编辑器，包括 Generic Visual XML Editor，DITA Editor，Visual DocBook Editor，Visual TEI Editor 以及 Visual XHTML Editor。通过这五个工具的集合可以使用户可视化地编辑任何文档，包括最流行的 DocBook 4 和 DocBook 5，TEI 和 XHTML（可扩展超文本标记语言）文档。

（4）用户可以通过自定义内置的 XML 发布框架，甚至创建带有自己的风格并且可与他人共同分享的框架。用户在使用的过程中可以使用系统提供的默认架构，它可以支持当前所有的模式语言（DTD，XML Schema，Relax NG，ISO Schematron，

ISO NVDL）。用户可以在创作模式中自定义相关操作甚至用 Java 语言去编写适用于自己的操作。

（5）Oxygen XML Author 包含了强大的连接支持功能，可以使用户与大多数常见的 XML 数据库、内容管理系统和 WebDAV 进行交互。用户可以直接在该软件中实现与数据库的远程交互，可以直接查询数据库中的信息。目前该软件支持与多款数据库的连接，包括 IBM DB2 Pure XML，eXist，MarkLogic XML 以及 Oracle Berkeley DB XML。

（6）Oxygen XML Author 提供了一个支持多用户共同协同创作的功能。用户可以同国外的网络使用者发生链接共同创作同一个项目，每一位用户的每一步操作都会被系统自动记录，并且显示给其他用户，以便每一位用户能够快速寻找和跟踪到小组内其他成员的创作进度。除此之外，该软件还有审阅评论功能，用户在使用的过程中可以进行批注，项目管理者可以选择是否接受其他用户提供的更改。内嵌的搜索功能可以协助用户更加高效地寻找到相应的内容。

5.1.1 软件安装

Oxygen XML Author 可以从官方网站下载，它提供了 Windows，macOS，Linux 以及 Eclipse 四个主要版本。这里我们以 Windows 版本为例，为大家展示软件的安装过程。该软件提供了 30 天免费试用期，具体安装激活方法可参照 Oxygen XML Author 官方网站或者参见以下安装示范过程。

（1）下载软件安装包

对于 Windows 用户，该软件同时提供了 Windows 64 位操作系统和 32 位操作系统两个版本。见图 5-1，点击下载按钮即可下载对应的版本。

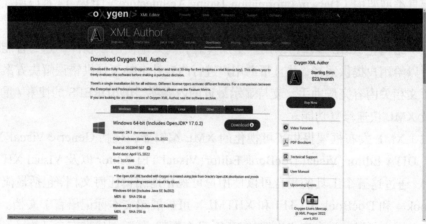

图 5-1　Oxygen XML Author 下载（Windows 64 位版本）

点击下载按钮后，下载程序会被自动触发并跳转到图 5-2 的页面，如果没有见到相应的下载提示弹窗，则需要根据提示点击下载链接直接开始下载。同时，该页面包括了具体的试用权限申请提示，填写相应信息并点击提交，相关的激活指令和激活码会发送到用户所填写的邮箱，按照相应的指示便可完成软件的正版激活。

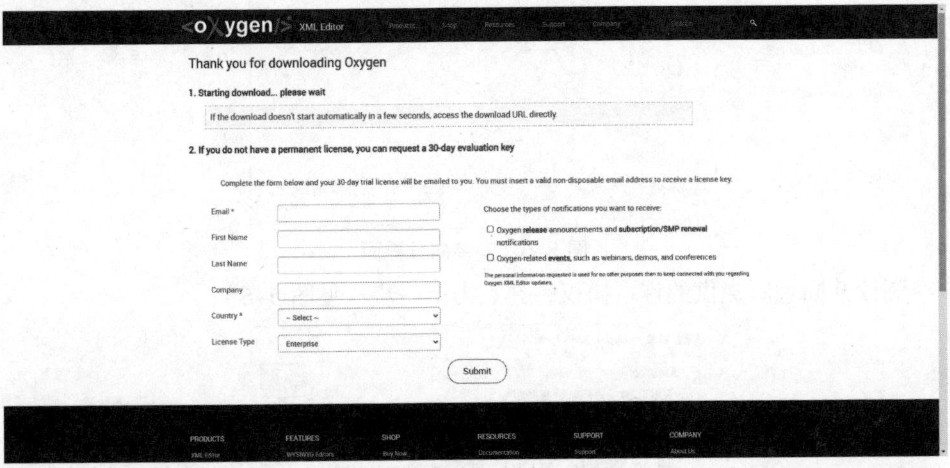

图 5-2 下载及申请使用界面

（2）安装软件

双击打开下载好的软件安装程序（见图 5-3），跟随安装指示完成即可。具体步骤示范如下：

图 5-3 软件安装程序

选择所需语言并点击确定（见图 5-4）；

图 5-4 语言选择

单击"下一步"继续进行安装（见图5-5）；

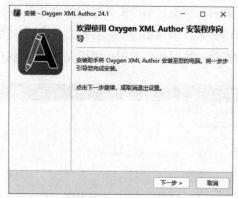

图 5-5　安装向导界面

阅读并同意所提供的许可协议，并点击下一步（见图5-6）；

图 5-6　许可协议

选择恰当的安装路径（见图5-7）并点击下一步；

图 5-7　选择安装路径

创建开始菜单及桌面快捷方式（见图 5-8）。

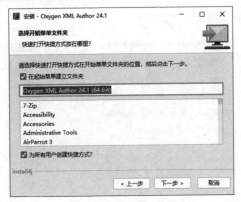

图 5-8 创建快捷方式

选择需要关联的软件，作为初学者如果只是想了解使用该软件，那么只需跟随默认选项即可。对于默认没有勾选上的选项，例如 XML Document 和 JavaScript 类型的文件，如果清楚自己的使用需求，用户可以按自己的需求选择。当然也可以全选（见图 5-9）。

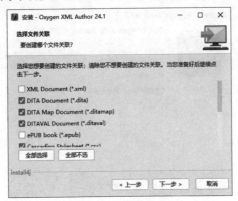

图 5-9 选择关联文件

设置安装好的软件将在桌面上显示为快捷方式，以方便用户使用（见图 5-10）。

图 5-10 选择桌面快捷方式

软件正在被自动安装中，稍加等待即可（见图 5–11）。

图 5–11　安装进行中

　　软件安装完毕，点击完成即可运行该软件，同时桌面上也会出现相应的软件快捷方式图标。如果桌面上找不到快捷方式，点击"开始"菜单栏可找到，或者找到相应的之前设置的文件安装位置，也可找到该应用程序（见图 5–12）。

图 5–12　安装完成

5.1.2 软件使用

双击打开 Oxygen XML Author，将会进入图 5–13 所示的主界面；

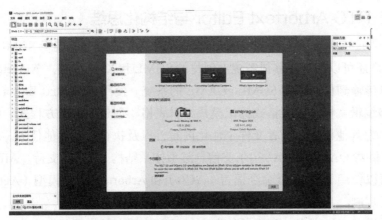

图 5-13　Oxygen XML Author 主界面

点击新建文件或者新建项目，选择所需要的文本格式，就可以开始具体的工作了。以 HTML 文件为例，创建一个 XHTML 格式的创作文档便可开始创作了（见图5-14）。该软件的界面和普通的 Word 文档相类似，在主界面或者帮助选项卡内，该软件的开发者提供了相应的基本教程，具体还可查看 Oxygen 的官方网址：https：//www.oxygenxml.com/xml_author.html，以获取更多的内容和技术支持。

图 5-14　XHTML 文件

5.1.3　软件使用与结构化思维

在技术文档工程师使用 Oxygen XML Author 之前，文档内容需要做结构化处理，才能将正确的内容模块放置到正确的位置，和其他内容模块的对应关系也才不会出问题。使用该软件几乎无需信息技术专业知识，语言背景学习者几乎可以自主学会使用该软件。但是，对内容的模块化处理依然是大的前提。文档工程师应把精力和工作中心放在文档内容的开发上。

5.2 PTC Arbortext Editor 与结构化思维

Arbortext Editor 是一个复杂的工具集，能帮助用户创建和编辑 SGML 和 XML 文档。用户还可以编辑在其他系统上创建的 SGML 和 XML 文档。Arbortext Editor 文档可以传输到任何兼容 SGML 或 XML 的系统。使用 Arbortext Editor，用户可以创建和编辑文档、以表格或标记模式编辑表格、创建和编辑方程式、将文档导入和导出为其他格式、配置文件个性化内容，以及执行多项其他任务。Arbortext Editor 提供对 OASIS DITA（达尔文信息类型体系结构）标准的支持。Arbortext 编辑器也可以使用 Arbortext 命令语言（ACL）和 Arbortext 对象模型（AOM）界面进行广泛定制。

多渠道、多语言产品和服务信息交付可以从单一的来源开发出来，这是 PTC Arbortext Editor 的一个显著特征。在被 PTC 公司收购前，它被称为 Arbortext Epic Editor，是全球用于处理结构化内容的行业领先软件。它可以使客户的创作团队能够在需要以多种形式传播的大型或复杂文档项目上进行协同创作。使用 PTC Arbortext Editor 进行结构化创作使客户的创作团队能够创建和编辑 XML 和 SGML 内容，以便在企业范围内轻松重用。客户的团队可以轻松创建支持多种信息交付的内容，例如交互式服务程序、图解零件清单、操作员和服务手册以及目录和产品培训材料。使用 Arbortext Epic Editor，用户只需编写一次内容，即可生成多种格式的输出、打印、Web、移动应用等。此外，用户可以享受软件提供的超过 25 种语言的内容、字符集和拼写词典。

PTC Arbortext Editor 还具有开箱即用的行业标准。Arbortext XML Editor 支持 DITA 和 S1000D 等行业标准，并允许作者合并复杂的内容，例如表格、方程式和交互式、CAD 驱动的 2D/3D 技术插图。它提供了多种编辑模式，使作者能够最有效地处理写作的内容。它还支持 XML、SGML 和文本文件的编辑，并提供来自许多常见办公应用程序（如 MS Word 和 Excel）的智能复制 / 粘贴。

产品和服务信息的准确性和一致性也是 PTC Arbortext Editor 的一大特征。它与 PTC Windchill（CMS）的集成提供与原始产品定义一致的上下文信息，以提高数据的准确性。重用和产品设置允许对长文档（数千页）进行有效加工，并通过自动将样式应用于客户的内容，最大限度地减少准备打印内容的时间。

5.2.1 软件下载

方式一：PTC 官网下载

进入 PTC Arbortext Editor 官网 https：//www.ptc.com/en/products/arbortext，点击 "Free Layout Editor Kit" 进入软件试用申请（见图 5–15）。

图 5-15　PTC Arbortext Editor 官网界面

　　填写相应的信息并提交以获得 Arbortext Layout Editor（见图 5-16）。随后 PTC Arbortext Editor 的相关销售人员会与你取得联系，并且提供获取免费的软件。但是此过程需等待一段时间，只有等待销售人员的回复与指导才能继续进行安装。

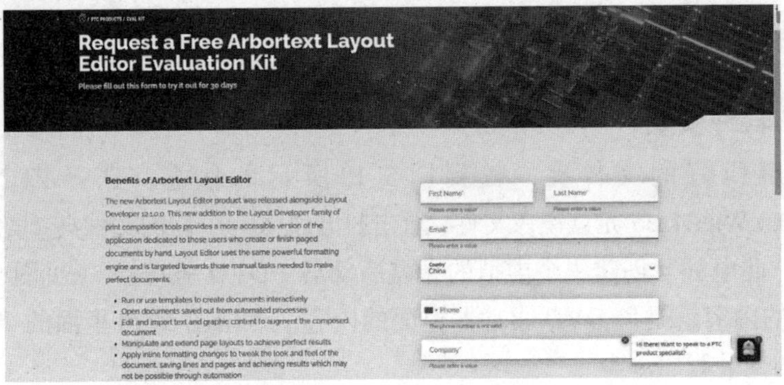

图 5-16　请求获取 Arbortext Layout Editor 的申请

　　方式二：第三方网站下载安装包

　　方式一有时候需要等待相当长的时间才能得到安装包，该软件是免费的软件，我们可以从第三方网站下载软件安装包，然后试用正确的正版许可证来激活该软件。https：//filecr.com/download/?id=18197744#google_vignette 可作为一个备选网页，这里以该网页为例进行下载示范。

　　在网页的搜索引擎里搜索 PTC Arbortext Editor 的下载，或者直接输入以上网页链接进行下载（见图 5-17）。自行寻找网页下载一定要注意试用正规且被认证过的网页，以防下载到恶意软件或者病毒。

图 5-17　第三方网站下载

下载完成后，一个完整的压缩包文件将会被显示出来见图 5-18。将压缩文件解压到恰当的位置并进行下一步的安装。

图 5-18　解压缩安装文件

5.2.2　软件安装

进入解压好的文件夹，找到图 5-19 所示的信息，选择 PTC.Arbortext.Editor.8.1.0.0.Win64.iso 光盘镜像文件，双击打开进入一个新的文件夹（见图 5-20），并且会在"此电脑"创建一个虚拟的光盘启动器"DVD 驱动器"（见图 5-21）。图 5-20 里面的内容就是该 DVD 驱动器里面的内容。点击图 5-20 里面的"setup.exe"开始后续的安装程序。

图 5-19　光盘镜像文件

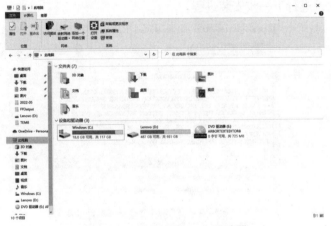

图 5-20 光盘镜像文件里的内容

图 5-21 被创建的 DVD 驱动器

点击"setup.exe"后，会显示一个语言选择框。选择相应的语言并点击"OK"（见图 5-22），随后安装程序将进入自动处理准备环节（见图 5-23）直到出现安装指引界面（见图 5-24）。这一过程比较费时，当图 5-23 所示的安装程序进度条显示完成后，还需等待 3 ~ 5 分钟才能得到图 5-24 所示的安装指引界面，此间不会有任何弹窗提示进度，请耐心等待即可。

图 5-22 语言选择界面

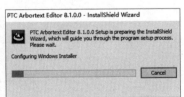

图 5-23 安装程序准备中

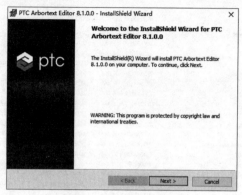

图 5-24　安装指引

点击图 5-24 中的"Next"进行后续安装，然后会显示图 5-25 所示的用户协议，选择接受协议，进行下一步安装进程。

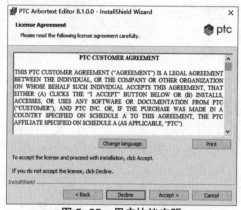

图 5-25　用户协议申明

接受用户条款以后，出现图 5-26 所示的需要安装的产品，图中所示的便是默认选项，一般来说按默认操作即可，如果需要另外两个产品将勾选框选上即可。

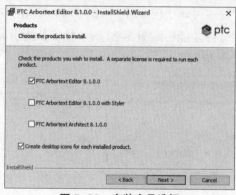

图 5-26　安装产品选择

选择所有所需的文档类型，然后点击下一步（见图 5-27 ）。

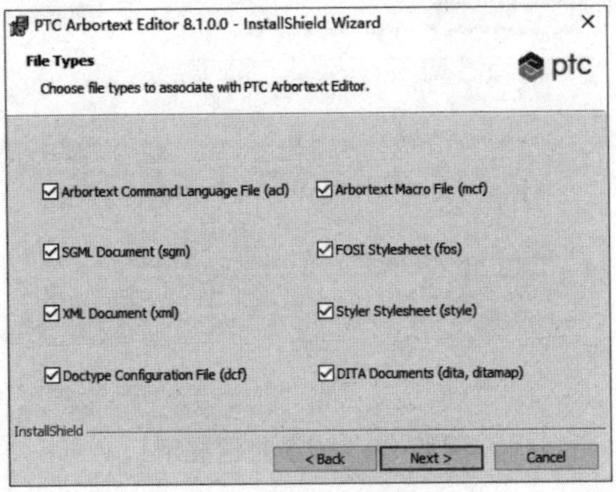

图 5-27　选择文档类型

选择文件的安装路径，然后点击下一步（见图 6-28）。如果所选的文件夹不是空的或者有安装过 PTC 有关软件，安装过程将会被中断并提示图 5-29 所示的错误信息。如果遇到这样的错误信息，不要惊慌。最简单的方法就是先确认所安装的文件位置是否是一个空的文件夹，其次检查是否有其他类似的 PTC 软件已经被安装到了电脑上。如果有的话可以考虑将这些软件卸载了以后再尝试安装。类似的软件如 Core 等。如果达到了系统的要求，则会弹出下一步安装选项框（见图 5-30），选择默认的标准安装即可。如果依旧弹出安装错误提示，请认真阅读所提示的错误并确认是否解决，用户还可以通过在搜索引擎里面查找相应的错误解决方案。

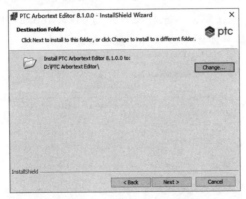

图 5-28　选择文件安装路径

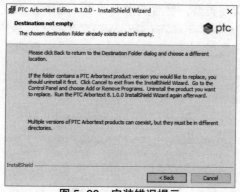

图 5-29　安装错误提示

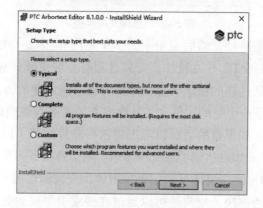

图 5-30　软件版本安装选项

接下来会出现一个关于 PTC Arbortext Publishing Engine 的选项框（见图 5-31），默认不选该项目，因为系统默认大家都没有使用 PTC Arbortext Publishing Engine。如果你可以确定自己安装并使用了该工具，那么就将它选上。

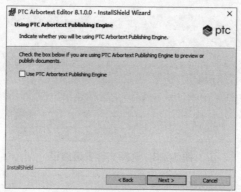

图 5-31　PTC Arbortext Publishing Engine 选项

完成安装的配置和准备工作以后，点击图 5-32 里面的"安装"即可开始软件安装程序（见图 5-33）。安装完成后的界面（见图 5-34），点击"完成"即可。

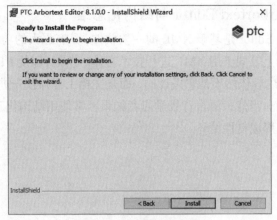

图 5-32 安装准备完成

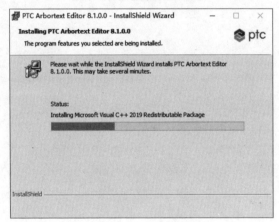

图 5-33 安装中

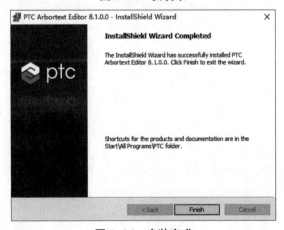

图 5-34 安装完成

5.2.3 PTC Arbortext Editor 与结构化思维

PTC Arbortext Editor 是基于 XML 的一款软件，具有强大的功能。有人认为，结构化技术写作实际上等同于用 XML 进行技术写作。所以，即便 PTC Arbortext Editor 有着强大的功能，内容依然不是它设计的，而是文档工程师预先进行过结构化设计，工具才开始起作用。当然，语言背景学习者如果经常使用结构化工具，也会得到结构化思维的训练，形成良性循环。

参考文献

[1] 芭芭拉·明托. 金字塔原理大全集 [M]. 海口：南海出版公司，2017.

[2] 博克. 美国高等教育 [M]. 乔佳义，编译. 北京：北京师范学院出版社，1991.

[3] 曹方. 数字时代与非线性阅读 [J]. 上海信息化，2013（4）：80-82.

[4] 陈美华. 英文技术写作 [M]. 南京：南京大学出版社，2021.

[5] 崔启亮. 全国翻译硕士专业学位研究生教育与就业调查报告 [R]. 北京：对外经济贸易大学出版社, 2017.

[6] 中国国家标准化管理委员会. 消费品使用说明 第 1 部分总则：GB 5296.1-2012 [M] 北京：中国标准出版社，2012.

[7] 中国国家标准化管理委员会. 工业产品使用说明书总则：GB/T 9969-2008[M]. 北京：中国标准出版社，2009.

[8] 华为宣传部. 心怀梦想，脚踏实地 [EB/OL][2016]. https://mp.weixin.qq.com/s/fMydcWm69VJhkETJaxsR_w

[9] 赖苑媛. DITA 特点浅析 [Z] 第十八届中国科协年会, 2016.

[10] 黎甜. 结构化思维 [M]. 北京：文化发展出版社，2019.

[11] 李梅. 技术传播性质课程的设计与实现探索——以同济大学实用英语写作课为例 [J]. 上海理工大学学报（社会科学版），2017，39（2）：101-107.

[12] 李双燕，崔启亮. 国内技术写作发展现状调查及其对 MTI 教育的启示 [J]. 外语学刊，2018，201（2）：50-56.

[13] 李忠秋，刘晨，张玮. 结构化写作：心中有谱、下笔有神，赢得职场说服力 [M]. 上海：人民邮电出版社，2017.

[14] 刘阳. 结构化的技术写作与内容管理 [M]. 上海：同济大学出版社，2018.

[15] 卢卓元，黄鑫. 结构化写作——让表达快、准、好的秘密（第 2 版）[M]. 北京：北京理工大学出版社，2021.

[16] 马林. 英语技术写作与交流 [M]. 哈尔滨：哈尔滨工业大学出版社，2007.

[17] 苗菊,高乾. 构建MTI教育特色课程：技术写作的理念与内容[J]. 中国翻译,2010,（2）：35-38.

[18] 陶友兰，谢敏，周全，等. 英语技术写作精要 [M]. 上海：复旦大学出版社，

2020.

[19] 王传英，王丹．技术写作与职业翻译人才培养 [J]．解放军外国语学院学报，2011，34（2）：69-73.

[20] 王华树．翻译技术简明教程 [M]．广州：世界图书出版公司，2019.

[21] 王华树．翻译技术教程（下册）[M]．北京：商务印书馆，2017.

[22] 王振民，吴革．消费者权益保护及产品责任指导案例与审判依据 [M]．北京：法律出版社，2011.

[23] 维克多·帕帕奈克．为真实的世界设计 [M]．周博，译．北京日报出版社，2020.

[24] 中国技术传播联盟．技术传播入门手册 [EB/OL].[2018]http://www.tc-china.org/wp-content/uploads/2018/08/ 技术传播入门手册 .pdf

[25] 中国国家标准化管理委员会．图形符号安全色和安全标志第 1 部分：安全标志和安全标记的设计原则：GB/T 2893.1-2013[M]．北京：中国标准出版社,2013.

[26] 中国国家标准化管理委员会．图形符号安全色和安全标志第 2 部分：产品安全标签的设计原则：GB/T 2893.2-2020[M]．北京：中国标准出版社,2020.

[27] 中国国家标准化管理委员会．消费品使用说明第 1 部分总则：GB/T5296.1-2012[M]．北京：中国标准出版社,2012.

[28] ALRED G J, BRUSAW C T, OLIU W E. Handbook of technical writing[M]. Bedford:St. Martin's, 2015.Bedford:St. Martin's, 2015.

[29] AMA Manual of Style Committee. AMA manual of style: A guide for authors and editors (10th ed.)[M]. Oxford University Press, 2007.

[30] AMANT K S, RIFE M.Legal issues in global contexts: perspectives on technical communication in an international age [M]. New York: Routledge, 2014.

[31] American Psychological Association. Publication manual of the American Psychological Association[M]. Washington(DC): American Psychological Association, 2018.

[32] BARNUM C M. Usability testing essentials: Ready, set, test[M]. MorganKaufmann Publishers, 2011.

[33] BARNUM C M, PHILIP K, REYNOLDS A, et al. Globalizing technical communication: A field report from China[J]. Technical Communication, 2011(48): 397-420.

[34] BELLAMY L, CAREY M, SCHLOTFELDT J. DITA best practices: a roadmap for writing, editing, and architecting in DITA [M]. Boston: IBM Press,2011.

[35] BOIKO B. Content management bible(2nd Ed)[M]. Indianapolis, IN: Wiley, 2004.